Ernst Müller

Schiffbaukunde

Ernst Müller

Schiffbaukunde

ISBN/EAN: 9783954270521
Erscheinungsjahr: 2012
Erscheinungsort: Bremen, Deutschland

www.maritimepress.de | office@maritimepress.de

SCHIFFBAUKUNDE

FÜR DEN
UNTERRICHT AN SCHIFFSINGENIEURSCHULEN

VON

PROF. ERNST MÜLLER

BREMEN 1933

G. WINTERS BUCHHANDLUNG FR. QUELLE NACHF.

Erklärungen.

Die zeichnerische Darstellung des Schiffskörpers geschieht durch den Linienriß und zwar unter Zugrundelegung dreier Projektionsebenen:

1. Längsriß oder Aufriß, zeigt Wasserlinien und Spanten als Gerade, Schnitte als Kurven.

2. Wasserlinienriß oder Grundriß, zeigt Spanten und Schnitte als Gerade, Wasserlinien als Kurven.

3. Spantenriß oder Seitenriß, zeigt Wasserlinien und Schnitte als Gerade, Spanten als Kurven.

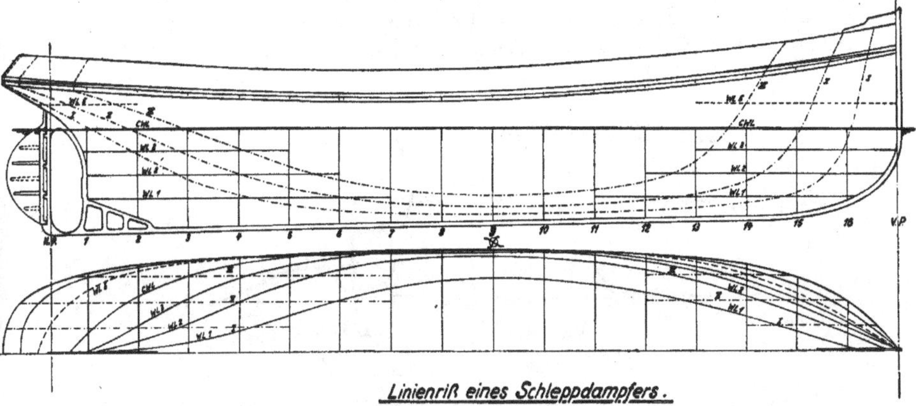

Linienriß eines Schleppdampfers.

Für eiserne Schiffe wird der Linienriß auf Außenkante Spanten gezeichnet. Skizze 1.

Wasserlinien. Unter *W. L.* versteht man im allgemeinen die Schnittkurven, in welchen horizontale Ebenen die Außenfläche des Schiffskörpers schneiden.

Geladene oder Konstruktionswasserlinie (*C.W.L.*) nennt man diejenige Wasserlinie, bis zu welcher das seeklare Schiff in normal geladenem Zustand eintaucht.

Leichtladelinie ist die *W.L.*, auf der das seeklare Schiff ohne Ladung schwimmt (dead weight line).

Areal einer Wasserlinie ist die von der betreffenden *W. L.* umgrenzte Fläche.

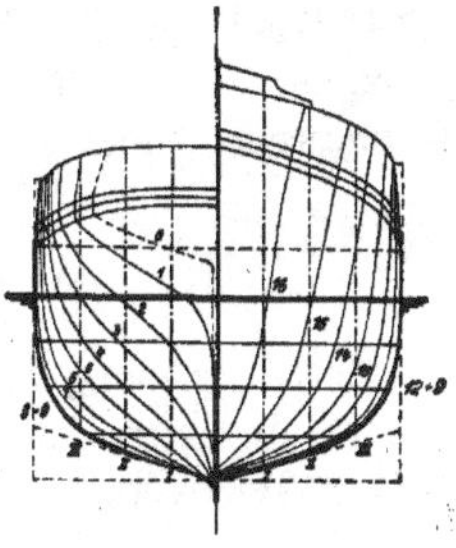

Skizze 1. Linienriß eines Schleppdampfers.

Spantlinien sind die Schnittkurven der Außenfläche des Schiffskörpers mit Vertikalebenen, welche senkrecht zur Symmetrieebene stehen.

Hauptspant 𝔛 ist das Spant mit dem größten Areal; es liegt bei normalen Schiffsformen gewöhnlich in der Mitte der Schiffslänge. Da man früher die Spanten vom Hauptspant aus nach vorn und hinten zählte, und dieses dabei die Zahl 0 erhielt, nannte man es auch vielfach Nullspant: 𝔛.

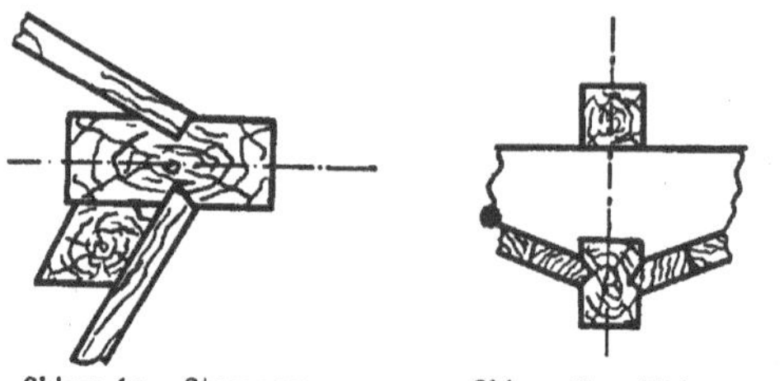

Skizze 1a. Stevensponung. Skizze 1b. Kielsponung.

Spantareal ist gemeinhin der Flächeninhalt desjenigen Teils einer Spantfläche, die unterhalb der *C.W.L.* liegt.

Mittschiffsebene ist die durch die Mitte der beiden Steven und des Kiels gelegte Vertikalebene, welche den Schiffskörper in zwei symmetrische Hälften teilt; daher wird sie auch oft Symmetrieebene genannt.

Schnitte sind im allgemeinen die Schnittlinien, in welchen Vertikalebenen, die parallel zur Mittschiffsebene liegen, die Außenfläche des Schiffskörpers schneiden.

Sponung; besonders im Holzschiffbau und im Bootsbau gebräuchlich. Die Sponung ist eine dreikantige Rille von veränderlichem Querschnitt am Steven und Kiel, welche zur Aufnahme der Plankenenden bzw. der Unterkante Kielplanke dient. Man unterscheidet Innen-, Mittel- und Außenkante Sponung. Skizze 1a und b.

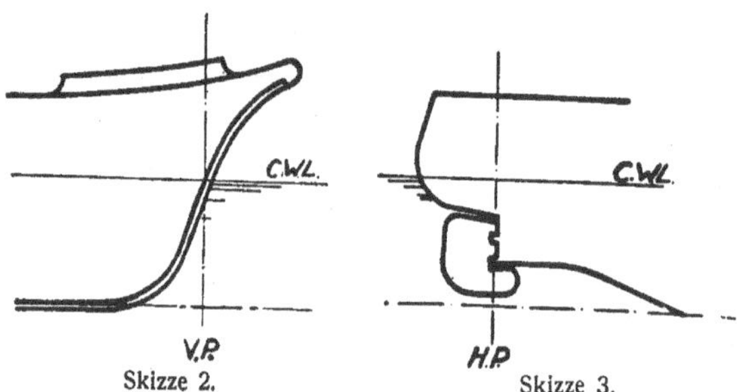

Skizze 2. Skizze 3.

Perpendikel oder Lote. Man unterscheidet ein vorderes und ein hinteres Perpendikel. Das Perpendikel ist eine Lotrechte, welche bei eisernen Schiffen durch den Schnittpunkt der *C.W.L.* mit Innenkante Vor- bzw. Rudersteven geht. Skizze 2. Bei Schiffen mit Balanceruder bildet die Ruderachse das *H.P.* Skizze 3.

Simpsons I. Regel.

Zur Berechnung kurvenlinig begrenzter Flächen wie Wasserlinien, Spanten od. dgl. wendet man gern Simpsons I. Regel an, welche eine Teilung in eine gerade Anzahl gleicher Teile voraussetzt. Skizze 4. Es ist

$$F = \frac{x}{3} \times (1\,y_0 + 4 \times y_1 + 2 \times y_2 + 4 \times y_3 + \cdots\cdots + 4 \times y_{n-1} + 1\,y_n).$$

Berechnet man mit Hilfe dieser Regel die Areale der einzelnen Wasserlinien und trägt die Ergebnisse in einem beliebigen Maßstab von einer Vertikalen aus auf den betreffenden

Wasserlinien ab, so erhält man durch Verbindung der einzelnen Punkte durch eine Kurve die Wasserlinienskala. Aus dieser kann man für jede beliebige Tauchtiefe das Areal der *W.L.* entnehmen. Skizze 5.

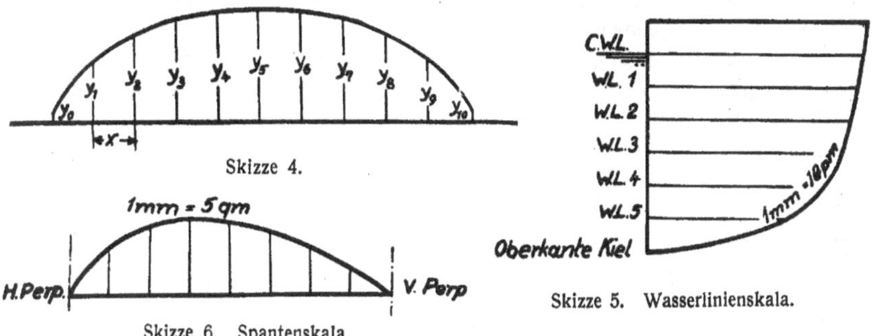

Skizze 4.

Skizze 6. Spantenskala.

Skizze 5. Wasserlinienskala.

Berechnet man die Areale der einzelnen Spanten und trägt die Ergebnisse von einer Geraden aus auf den einzelnen Spanten in einem beliebigen Maßstab ab, so erhält man die Spantenskala. Aus dieser kann man für jede beliebige Spantstelle das Areal des Spantes entnehmen. Skizze 6.

Hauptmaße.

Länge. Man unterscheidet:

a) Länge zwischen den Perpendikeln (L).

b) Länge über Alles (L_{tot}); dies ist das Maß von Vorkante Vorsteven bzw. Gallion bis Hinterkante Heck. Sie spielt eine wesentliche Rolle im Schleusen-, Dock- und Hafenbetrieb. Skizze 7.

c) Vermessungslänge (L_v); dies ist die Länge des Vermessungsdecks, gemessen von Innenkante Garnier am Vorsteven bis Innenkante Garnier am Heck. Vermessungsdeck ist bei Schiffen mit einem Deck das letztere, sonst das zweite Deck von unten.

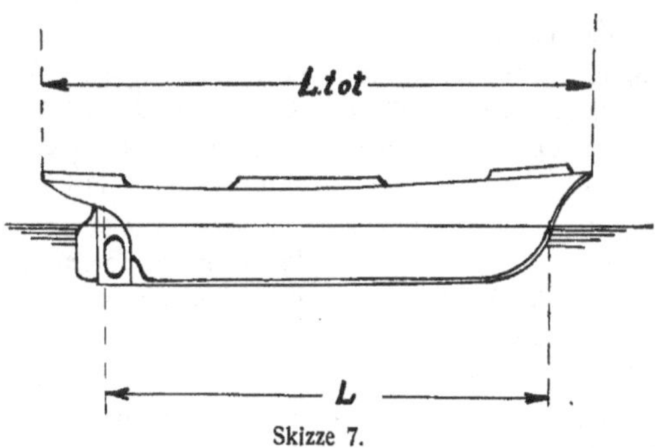

Skizze 7.

Breite. Man unterscheidet:

a) Konstruktionsbreite (B); dies ist das Maß von Außenkante Spant zu Außenkante Spant gemessen im Hauptspant in oder unterhalb der *C.W.L.*

b) Breite im ⊗ in der *C.W.L.* ($B_{C.W.L.}$).

c) Größte Breite über Alles (B_t); dies ist das Maß über Außenhaut bzw. Reibhölzer, bzw. Radkasten an der breitesten Stelle; wichtig für Schleusen- und Docktore. Skizze 8.

Tiefe. Man unterscheidet:

a) Konstruktionstiefe (T); dies ist das Maß von der $C.W.L.$ bis Oberkante Kiel bzw. Kielplatte gemessen im Hauptspant.

b) Konstruktionstiefgang (Tg); dies ist das Maß von der $C.W.L.$ bis Unterkante Kiel gemessen im Hauptspant.

Der Begriff Tiefgang an sich ist kein feststehendes Maß; er ändert sich mit dem Beladungszustand und Verbrauch der Vorräte. Bei steuerlastigen Schiffen unterscheidet man vorderen, hinteren und mittleren Tiefgang (Tg_v, Tg_h, Tg_m).

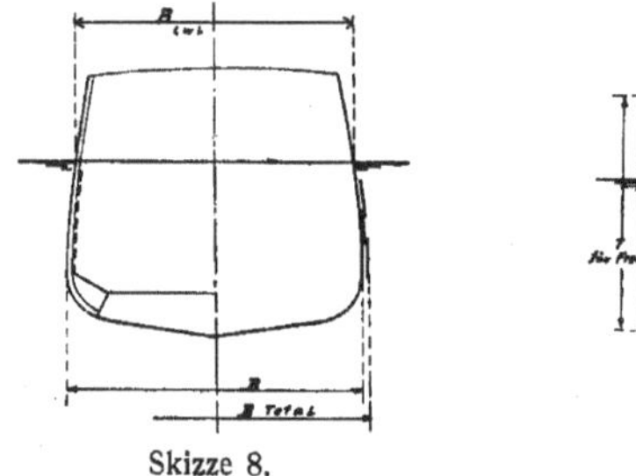

Skizze 8.

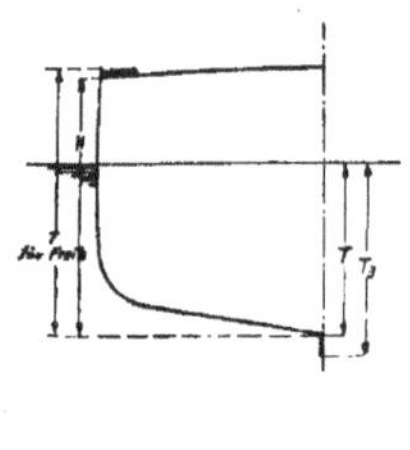

Skizze 9a.

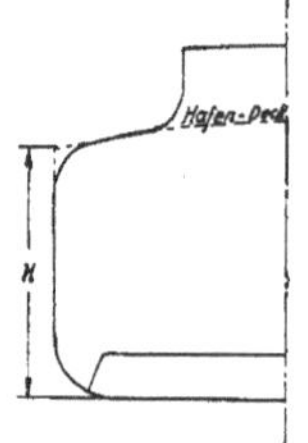

Skizze 9b. Turmdeckschiff.

Die Zahlenskala am Vor- bzw. Hintersteven zum Ablesen des Tiefgangs heißt Ahming. Sie ist entweder nach halben Fuß engl. oder nach Dezimetern geteilt oder zeigt beide Teilungen nebeneinander.

c) Seitenhöhe (H) ist das lotrechte Maß von Oberkante Hauptdecksbalken bis Oberkante Kiel, gemessen an der Seite des Schiffes auf $^1/_2\ L$. Skizze 9a und b.

Deplacement.

Man unterscheidet:

a) Kubisches Deplacement oder Verdrängung (V); dies ist der Kubikinhalt des vom eingetauchten Teile des Schiffskörpers verdrängten Wassers. Berechnet wird zunächst V auf Spanten ohne Anhängsel (Wellenhosen, Wellenböcke, Schlingerkiele usw.) und zwar nach Wasserlinien oder nach Spanten. Sowohl das Areal der Wasserlinienskala (vgl. Skizze 5) wie das Areal der Spantenskala (vgl. Skizze 6) ergibt das Kubische Deplacement des Schiffes auf Spanten.

Die Verdrängung auf Außenhaut beträgt bei eisernen Schiffen etwa 1,006 bis 1,008 V.

b) Gewichtsdeplacement (P); dies ist das Gewicht des verdrängten Wassers.

Man erhält demnach P aus V, indem man V mit dem spezifischen Gewicht γ des Wassers multipliziert: $P = \gamma \times V$.

In Deutschland rechnet man für Süßwasser $\gamma \sim 1$, für Seewasser $\gamma \sim 1{,}025$.

Nach dem Archimedischen Prinzip (um 300 v. Chr.) ist nun das Gewicht der von einem frei schwimmenden Körper verdrängten Flüssigkeitsmenge gleich dem Eigengewicht des Körpers. Demnach entspricht das Gewichtsdeplacement auf Außenhaut mit Anhängseln dem Gesamtgewicht des Schiffes.

Das Gesamtgewicht eines Schiffes setzt sich zusammen aus dem „toten Gewicht" und der „nützlichen Zuladung" (dead weight).

Totes Gewicht ist das Gewicht des vollständig ausgerüsteten seeklaren Schiffes mit allem Zubehör, aber ohne Ladung.

Nützliche Zuladung ist das Gewicht der sämtlichen zu befördernden Gegenstände usw. (dead weight).

Mit dem toten Gewicht hat das Schiff die ungeladene oder leichte Verdrängung, mit der nützlichen Zuladung die geladene Verdrängung, entsprechend der leichten und der geladenen Wasserlinie.

Das „tote Gewicht" setzt sich aus allen den Einzelgewichten zusammen, welche erforderlich sind, ein seefähiges Transportfahrzeug zu schaffen, nämlich aus:

1. Schiffseigengewicht mit evtl. festeingebautem Ballast.
2. Ausrüstung:
   a) Bemastung, Takelung usw.,
   b) Anker, Ketten, Trossen,
   c) Boote mit Zubehör,
   d) Inventar (Geräte, Werkzeug),
   e) Material (Farbe, Öl, Holz, Niete usw.).
3. Besatzung mit Ausrüstung und Proviant.
4. Maschinen- und Kesselanlagen.
5. Bunkerkohle, Bunkeröl.

Letztere Position wird auch bisweilen zur Ladung gerechnet.

„Nützliche Zuladung" für Handelsschiffe:

Frachtgüter und Vieh,

Fahrgäste mit Gepäck und Proviant.

„Nützliche Zuladung" für Kriegsschiffe:

Angriffs- und Verteidigungswaffe, d. h. Armierung und Panzerung.

Beim Bau eines Schiffes handelt es sich darum, die Gruppe „Totes Gewicht" so klein wie möglich zu gestalten — immer genügende Festigkeit vorausgesetzt —, im Interesse der „Nützlichen Zuladung" oder der Geschwindigkeit oder dgl.

Im Schiffbau ist dies hauptsächlich erreicht worden durch

1. Einführung des Eisens bzw. Flußeisens als Hauptbaustoff und der umfangreichen Verwendung von Flußeisenformguß (Stahlguß) bzw. fester Bronzelegierungen an Stelle von Gußeisen.
2. Verwendung von Rohren an Stelle massiver Profile.
3. Einführung des Längsspantensystems, überhaupt günstigere Verteilung des Materials auf Grund theoretischer Untersuchungen.
4. Einführung der Schweißung an Stelle der Nietung.
5. Bördeln als Ersatz für Winkel, Joggeln, um Unterlegstreifen zu sparen u. dgl.

Im Maschinenbau durch

1. Einführung der Verbund- und Mehrfach-Expansionsmaschinen, der Turbine, des Verbrennungsmotors.
2. Einführung der Zylinder- und Wasserrohrkessel mit hoher Dampfspannung.
3. Geringen Kohlenverbrauch pro PS_i und Stunde (Wärmewirtschaft).
4. Verbesserung der Propellerform.
5. Vermehrte Anwendung von Schmiedeeisen, Nickelstahl, Flußeisen und Bronze an Stelle von Gußeisen.

Reservedeplacement oder Reserveschwimmkraft.

Dies ist der Inhalt sämtlicher wasserdicht abgeschlossener Räume oberhalb der Schwimmlinie, gerechnet bis zur Höhe der nächsten Öffnung. Beim Handelsschiff rechnet man das Reservedeplacement gewöhnlich bis zum Hauptdeck.

Lastenmaßstab.

Dies ist eine Kurve, die für jeden beliebigen Tiefgang die Verdrängung bzw. das Gewicht des Schiffes ergibt.

Berechnet man an Hand des Linienrisses die Verdrängung des Schiffes bis zu den einzelnen Wasserlinien und trägt die Ergebnisse von einer Vertikalen aus auf den einzelnen $W.L.$ ab, so erhält man eine Kurve, die die Verdrängung des Schiffes auf Spanten angibt.

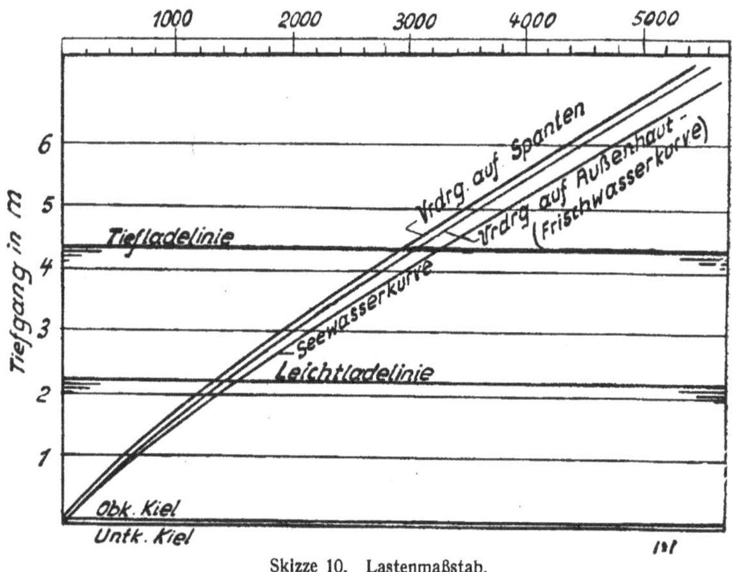

Skizze 10. Lastenmaßstab.

Durch Zuschlag von 0,6 bis 0,8 % ergeben sich die Punkte für eine zweite Kurve, welche die Verdrängung des Schiffes auf Außenhaut angibt. Da nun 1 cbm Frischwasser zu 1 t angenommen wird, gibt diese zweite Kurve gleichzeitig das Gewicht des im Frischwasser liegenden Schiffes an: Frischwasserkurve.

Multipliziert man die Werte der zweiten Kurve mit 1,025, dem spez. Gewicht des Seewassers, so erhält man eine dritte Kurve, welche das Gewicht des im Seewasser liegenden Schiffes angibt: Seewasserkurve. Skizze 10. Aus diesen Kurven ergibt sich die Tabelle für „Tragfähigkeit“.

Völligkeitsgrade und Verhältnisse.

α = Wasserlinienkoeffizient. Das Areal der Wasserlinie ist nur ein Teil des ihr umbeschriebenen Rechteckes; bezeichnet $W.L.$ das Areal einer Wasserlinie, dann ist

$$W.L. = L \times B \times \alpha$$

oder

$$\alpha = \frac{W.L.}{L \times B}$$

d. h. α gibt das Verhältnis vom $W.L.$-Areal zum umbeschriebenen Rechteck an. Skizze 11.

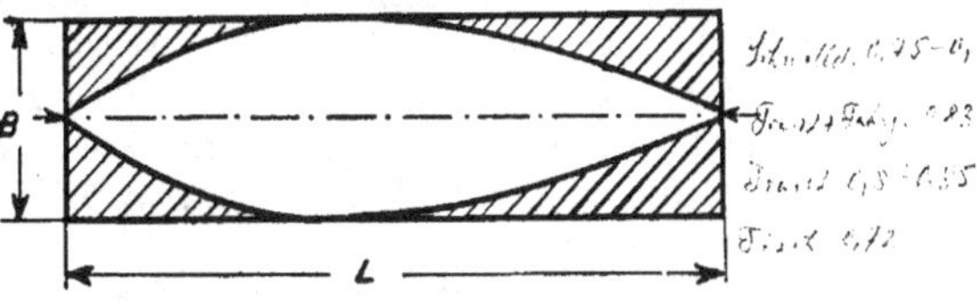

Skizze 11.

Der Wert von α schwankt zwischen 0,7 bei Torpedobooten und 0,9 bei Flußfahrzeugen. Moderne größere Flußfahrzeuge haben $\alpha \sim 0{,}8$, Frachtdampfer $\sim 0{,}85$.

β = Hauptspantkoeffizient. Analog ergibt sich

$$\mathfrak{X} = B \times T \times \beta$$

oder

$$\beta = \frac{\mathfrak{X}}{B \times T}$$

d. h. β gibt das Verhältnis des Hauptspantareals zum umbeschriebenen Rechteck an. Skizze 12.

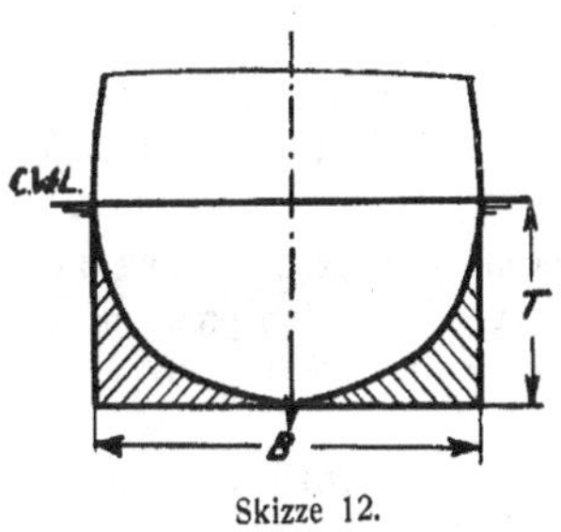

Skizze 12.

Der Wert von β schwankt, wenn man von Yachten absieht, zwischen 0,6 bei Lotsenboten und 0,99 bei Flußfahrzeugen. Größere Segelschiffe haben $\beta \sim 0{,}91$, Frachtdampfer $\beta \sim 0{,}95$.

δ = Deplacementskoeffizient. Es ist

$$V = L \times B \times T \times \delta$$

oder

$$\delta = \frac{V}{L \times B \times T}$$

d. h. δ gibt das Verhältnis der Verdrängung zu dem dem Unterwasserschiff umschriebenen Parallelepipedon an. Skizze 13.

Skizze 13.

Der Wert δ schwankt, wenn man von Sportfahrzeugen absieht, zwischen 0,4 bei Lotsenbooten und 0,85 bei Flußfahrzeugen. Segelschiffe haben $\delta \sim 0{,}67$, Frachtdampfer $\delta \sim 0{,}75$.

Wollte man beim Entwurf die Werte α, β und δ unabhängig voneinander, also willkürlich wählen, so würden sich gewöhnlich unzweckmäßige oder gar unmögliche Formen ergeben. Dagegen erhält man brauchbare Verhältnisse, wenn man die Koeffizienten in folgenden Zusammenhang bringt:

$$\kappa = \frac{\delta}{\alpha \cdot \beta},$$

worin κ zwischen 0,85 und 0,92, also in ziemlich engen Grenzen liegt.

Außer den genannten Koeffizienten sind für die Formgebung des Schiffskörpers noch die Verhältnisse L/B und T/B von hoher Bedeutung.

L/B. Von diesem Verhältnis sind abhängig: die zu erreichende Geschwindigkeit, die Stabilitätsverhältnisse, die Manövrierfähigkeit, die Längsfestigkeit des Schiffskörpers u. a.

L/B bei modernen Segelschiffen etwa 6,5, bei Frachtdampfern etwa 8, bei Schnelldampfern bis 10.

T/B. Von diesem Verhältnis sind ebenfalls die Stabilitätsverhältnisse wesentlich abhängig, denn ein zu großes T/B hat im allgemeinen ungenügende Stabilität zur Folge. Vielfach ist für dieses Verhältnis die zur Verfügung stehende Wassertiefe maßgebend (Küsten- und Flußdampfer). Für seegehende Fahrzeuge ist $T/B \sim 0{,}5$.

Stabilität.

1. Gewichts- oder Systemschwerpunkt G ist der Punkt, in dem man sich das Gesamtgewicht des Schiffes P vereinigt denken kann. In ihm wirkt die Erdschwere mit P Tonnen vertikal nach unten.

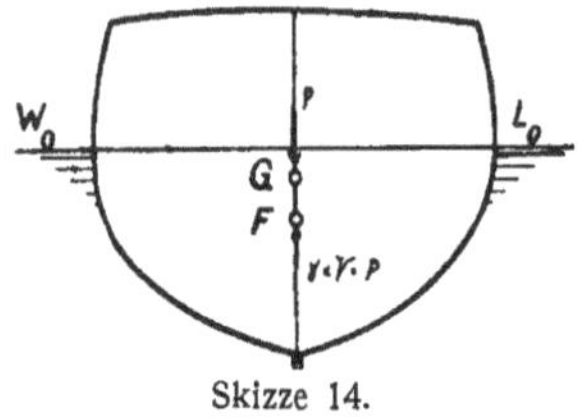

Skizze 14.

2. Der Formschwerpunkt F ist der Schwerpunkt der verdrängten Wassermasse. In ihm greift die Auftriebs-Resultierende mit $\gamma \times V = P$ Tonnen vertikal nach oben wirkend an.

G und F müssen in einer Vertikalen liegen, wenn das Schiff unter dem Einfluß von Schwerkraft und Auftrieb in der Ruhelage, also im Gleichgewichtszustand verharren soll. Skizze 14.

Berechnet man die Höhenlage des Formschwerpunktes F für die einzelnen $W.L.$ und setzt die Ergebnisse von den Schnittpunkten der jeweiligen $W.L.$ mit einer unter 45^0 gelegten Hilfslinie ab, so erhält man die Kurve der Formschwerpunkte der Höhe nach. Skizze 15.

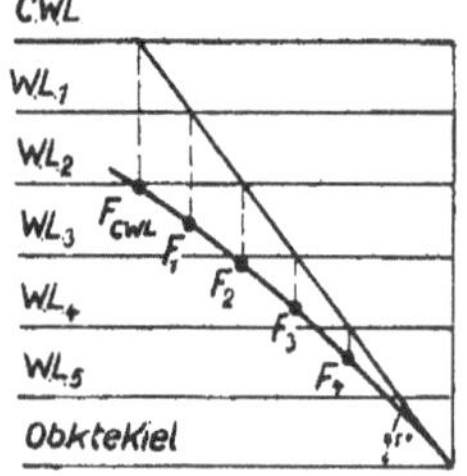

Skizze 15. Kurve der Formschwerpunkte.

Während also Formschwerpunkt F für jede $W.L.$ eine bestimmte Lage hat, ist die Höhenlage des Systemschwerpunktes G variabel, nämlich abhängig von der Anordnung der Gewichte an Bord.

3. Bringt man das Schiff durch irgendeine äußere Kraft in eine geneigte Lage, wobei die Verdrängung indessen nicht verändert werden soll, und setzt man voraus, daß sich beim Krängen Gewichte an Bord nicht verschieben, dann bleibt der Gewichtsschwerpunkt G in seiner ursprünglichen Lage (Mittschiffsebene), dagegen verschiebt sich der Formschwerpunkt F, einem bestimmten Gesetze (Schwerpunktsverschiebungssatz) folgend, nach der eintauchenden Seite. Seine neue Lage sei F_1. Skizze 16. Während in G nach wie vor die Schwerkraft mit P Tonnen vertikal nach unten wirkt, greift die Auftriebs-Resultierende nunmehr im neuen Formschwerpunkt F_1 an, und zwar mit $\gamma \times V = P$ Tonnen vertikal nach oben wirkend. Das Schiff unterliegt also der Einwirkung eines Kräftepaares P, welches bestrebt ist, dasselbe wieder aufzurichten: Statische Stabilität ist das Bestreben des Schiffes, sich von selbst wieder aufzurichten oder der Widerstand, den es einer Neigung entgegengesetzt (Anfangsstabilität).

Daneben unterscheidet man die dynamische Stabilität; dies ist die Arbeit, die zu einer Neigung aufgewendet werden muß.

Das aufrichtende Moment des Kräftepaares, das Stabilitätsmoment, ist

$$St = P \times GH.$$

In dem Dreieck MGH ist der Winkel $MHG = R$, Winkel $GMH = \varphi$, dem Neigungswinkel des Schiffes. Also ist

$$GH = MG \times \sin\varphi$$

und somit

$$St = P \times MG \times \sin\varphi.$$

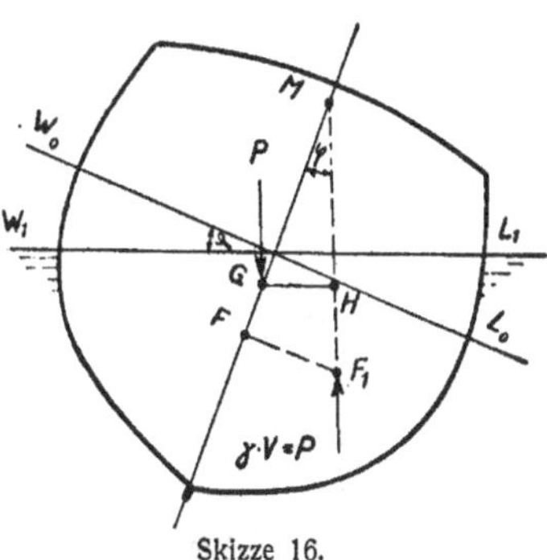

Skizze 16.

Den Punkt M nennt man das Metazentrum (Breitenmetazentrum). Dies ist also der Schnittpunkt der Vertikalen durch den Formschwerpunkt bei geneigter Lage mit der Vertikalen durch den Formschwerpunkt bei aufrechter Lage.

MG ist die metazentrische Höhe. Dies ist also die Entfernung des Gewichtsschwerpunktes vom Metazentrum. Liegt G unterhalb M, so ist ein aufrichtendes Moment vorhanden, liegt G oberhalb M, so ist ein kenterndes Moment vorhanden. Fällt G mit M zusammen, so befindet sich das Schiff in der indifferenten Gleichgewichtslage. Skizze 17, 18, 19.

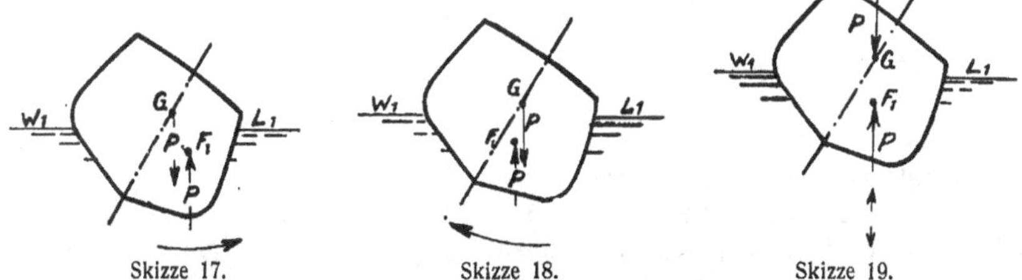

Skizze 17. Skizze 18. Skizze 19.

Die Höhenlage des Metazentrums ist bestimmt durch die Formel:

$$MF = \frac{\text{Trägheitsmoment der Schwimmlinie}}{\text{Verdrängung}} = \frac{J}{V}.$$

Bei breiten Schwimmlinien ergibt sich ein großes Trägheitsmoment und damit im allgemeinen ein hochgelegenes M und umgekehrt.

Berechnet man für die einzelnen $W.L.$ die Werte $\frac{J}{V}$ und trägt diese von den zugehörigen Formschwerpunkten aus nach oben ab, so erhält man die Kurve der Metazentren. Skizze 20.

Bei einem Dampfer mit angenehmen Schlingerbewegungen beträgt die metazentrische Höhe etwa 750 mm.

Rückt Schwerpunkt G durch Stauung schwerer Gewichte unten im Raum (Erzdampfer) weit nach unten, so wird die metazentrische Höhe sehr groß, das Schiff zu steif.

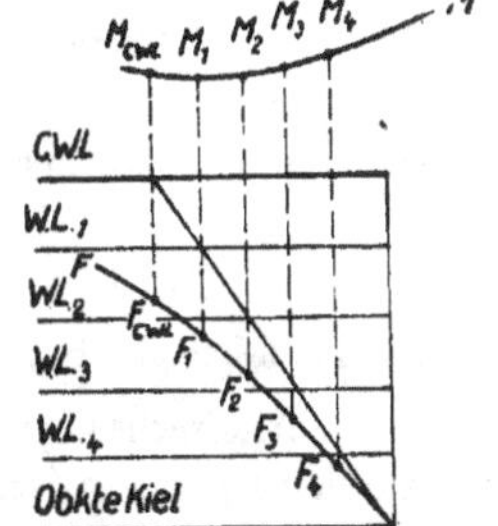

Skizze 20. Metazentren-Kurve.

Umgekehrt wird MG unverhältnismäßig klein, das Schiff zu rank, wenn durch Unterbringung schwerer Gewichte in den oberen Räumen oder durch Decklast der Schwerpunkt G hoch zu liegen kommt (Schiffe mit Holz als Decklast).

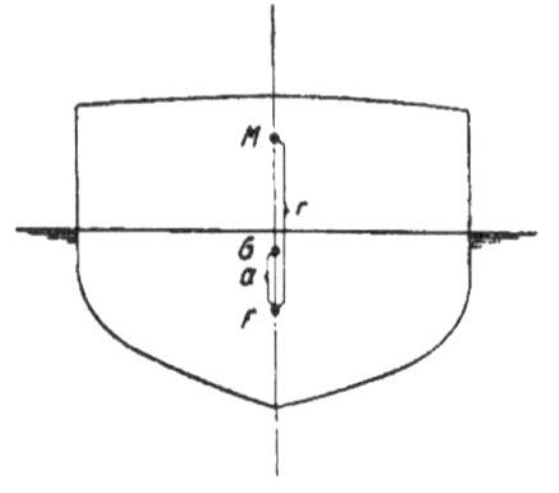

Skizze 21.

Um die Stabilitätsverhältnisse eines Schiffes bei größeren Neigungswinkeln zu untersuchen, formt man die Gleichung

$$St = P \times MG \times \sin \varphi$$

um in

$$St = P \times (r - a) \times \sin \varphi$$

indem man $MF = r$ und $GF = a$ setzt. Skizze 21. Der Ausdruck $(r - a) \sin \varphi$ ist hierin der Hebelarm der Stabilität. Der Wert $P \times r \times \sin \varphi$ wird Formstabilität oder Stabilität der Form genannt, da $r = FM$ lediglich abhängig ist von der Form des eingetauchten Schiffskörpers.

$r \times \sin \varphi$ ist der Hebelarm der Formstabilität. Er kann durch eine verhältnismäßig umständliche Rechnung für die einzelnen Neigungswinkel berechnet werden: $r \times \sin \varphi$-Kurve. Skizze 22.

Den Wert $P \times a \times \sin \varphi$ nennt man Gewichtsstabilität oder Stabilität der Gewichte, da $a = GF$ im wesentlichen von der Höhenlage des Gewichtsschwerpunktes G abhängig ist. Ist diese bekannt, so ist auch $GF = a$ bekannt. Diesen Wert braucht man nur mit dem sin der einzelnen Neigungswinkel zu multiplizieren, um Werte für die $a \times \sin \varphi$-Kurve zu erhalten (reine Sinuskurve).

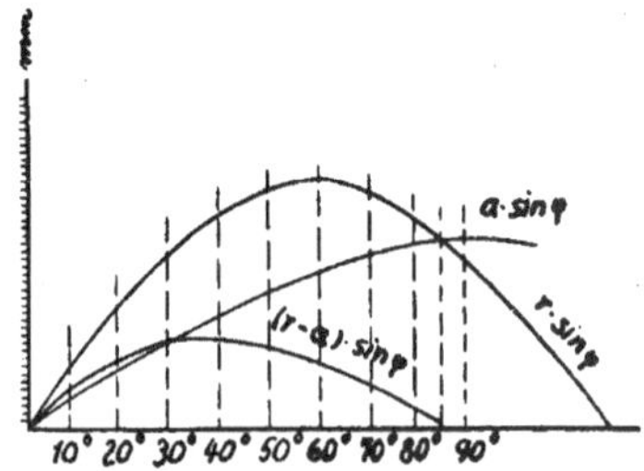

Skizze 22. Hebelarmkurve.

Die Differenz der Ordinaten beider Kurven ergibt die $(r - a) \times \sin \varphi$-, die eigentliche Hebelarmkurve. Diese zeigt, wie mit wachsendem Neigungswinkel die Stabilität zunimmt, bei welchem Winkel sie ihr Maximum erreicht, und bei welchem Winkel der Kenterpunkt liegt. Skizze 22.

4. Krängungsversuch. Da die Errechnung der Höhenlage des Gewichtsschwerpunktes G mittelst einer Momentengleichung ungemein zeitraubend ist und im Endergebnis wenig zuverlässig wäre, bedient man sich besser des praktischen Versuches, des Krängungsversuches.

Dieser basiert auf der Formel

$$MG = \frac{p \times e}{P \times \operatorname{tg} \varphi},$$

die sich aus folgender Betrachtung ergibt.

Auf dem aufrecht liegenden Schiff befinden sich in gleicher Höhe (auf dem Oberdeck) zwei Gewichte p, deren Schwerpunkte um e Meter voneinander entfernt sind, jeder also um $\frac{e}{2}$ von der Mittschiffsebene. Skizze 23.

Schafft man nun das *B.B.*-Gewicht um *e* Meter nach *St.B.*, so wird das Schiff um den Winkel φ krängen. Skizze 24. Der Gewichtsschwerpunkt wandert nach *St.B.* und zwar ist nach dem Schwerpunktverschiebungssatz

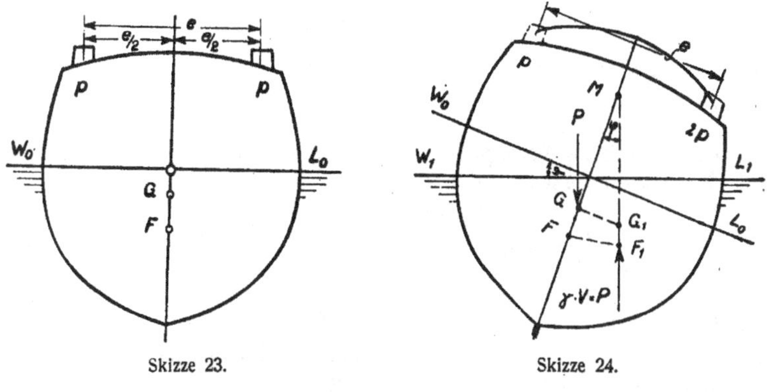

Skizze 23. Skizze 24.

$$GG_1 \parallel W_0L_0$$

und

$$GG_1 : e = p : P$$

oder

$$GG_1 = \frac{p \times e}{P}.$$

Auch der Formschwerpunkt wandert nach *St.B.* und zwar solange, bis er mit G_1 in dieselbe Vertikale fällt. In dem rechtwinkligen Dreieck MGG_1 ist der Winkel $GMG_1 = \varphi$, dem Neigungswinkel, also ist

$$\operatorname{tg}\varphi = \frac{GG_1}{MG}.$$

Setzt man für GG_1 obigen Wert ein, so erhält man

$$\operatorname{tg}\varphi = \frac{p \times e}{P \times MG}$$

oder

$$MG = \frac{p \times e}{P \times tg\,\varphi}.$$

Vorbereitung des Krängungsversuches.

Falls das Schiff Schlagseite hat, muß diese durch (festen) Ballast ausgeglichen werden. Der Krängungsballast, etwa 2 % des Schiffsgewichts, wird zweckmäßig auf dem Oberdeck abgesetzt; auf jeder Seite, mit dem Schwerpunkt gleich weit von der Mittschiffsebene *p* Tonnen. Um eine Trimänderung zu vermeiden, bringt man den Ballast so unter, daß der gemeinsame Schwerpunkt mit dem Schwerpunkt der Schwimmlinie in einer Spantebene liegt, also im allgemeinen in der Nähe des Hauptspantes. Als Ballast verwendet man zeckmäßig die auf jeder größeren Werft für solche Zwecke vorhandenen vierkantigen Ballasteisen von je 50 kg. Die Schwerpunkte der beiden Ballaststapel seien *e* Meter voneinander entfernt.

In einem Luk (besser in dreien) wird ein möglichst langes Pendel in den Raum gehängt, unten im Raum wird eine horizontale Meßlatte angebracht, auf deren Nullpunkt das Pendel einspielt. Die Länge des Pendels vom Aufhängepunkt bis zur Meßlatte sei l. Skizze 25.

Nun werden die p Tonnen von $B.B.$ um e Meter nach $St.$ verschoben, dabei krängt das Schiff um den Winkel φ, das Pendel zeigt an der Meßlatte den Ausschlag a, und es ist

$$\operatorname{tg}\varphi = \frac{a}{l}. \text{ (Skizze 26.)}$$

In der Gleichung

$$MG = \frac{p \times e}{P \times \operatorname{tg}\varphi}$$

sind aus dem Versuch die Werte p, e und $\operatorname{tg}\varphi$ bekannt; P ergibt sich aus dem Lastenmaßstab ($P = \gamma \times V$), somit ist MG bekannt.

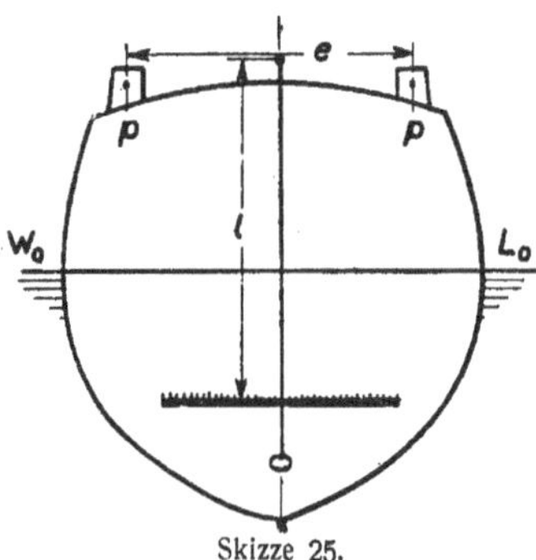

Skizze 25.

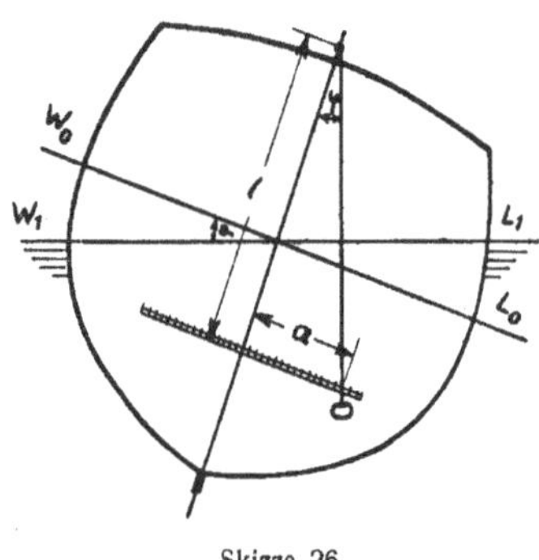

Skizze 26.

Trägt man nun im Kurvenblatt die Schwimmlinie ein, bestimmt die Höhenlage des Metazentrums (M-Kurve) und setzt den für MG erhaltenen Wert von M aus nach unten ab, so hat man die Höhenlage des Gewichtsschwerpunktes G und gleichzeitig $GF = a$. Skizze 27.

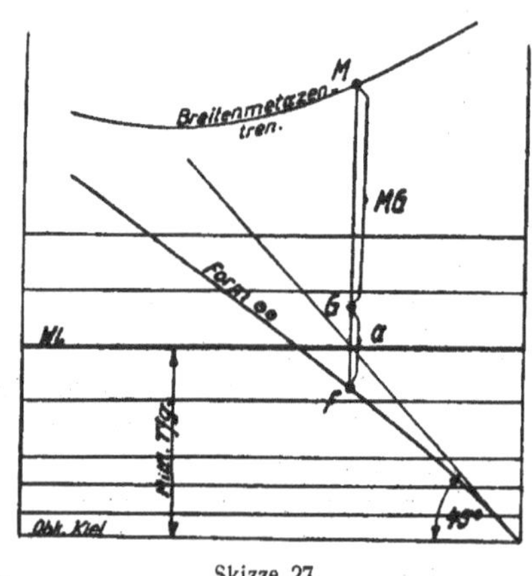

Skizze 27.

Um aus möglichst vielen Ergebnissen für $\operatorname{tg}\varphi$ das Mittel nehmen zu können, nimmt man, wenn angängig, drei Lote und setzt den Versuch in der Weise fort, daß man nun p Tonnen wieder nach $B.B.$ schafft, wonach das Pendel wieder auf Null einspielen muß, wenn keine Störungen vorliegen. Nun werden die p Tonnen von $St.B$ auch noch nach $B.B.$ geschafft, die sich ergebenden Pendelausschläge müßten, wenn keine Störungen vorliegen, den auf $St.B$ beobachteten gleich sein. Schließlich werden wieder p Tonnen nach $St.B.$ geschafft, wonach das Pendel wieder auf Null einspielen müßte. Aus den sechs für $\operatorname{tg}\varphi$ erhaltenen Werten legt man das Mittel der weiteren Rechnung zugrunde.

Da es bei beladenem Schiff kaum möglich ist, Pendel in den Raum zu hängen, bestimmt man den Winkel φ mittelst einer kalibrierten Wasserwaage, die in möglichst großer Länge an einem Querschott befestigt ist.

Da ferner nicht immer geeigneter Krängungsballast zur Hand ist, hat man vielfach im Raum sogenannte Krängungstanks eingebaut, deren Inhalt und Schwerpunktslage bekannt ist.

Vorsichtsmaßregeln.

Windstärke nicht über 3, am besten Windstille.

Stromfreies Wasser, am besten im Trockendock oder Bassin. Bilgen lenz, Tanks lenz oder ganz geflutet. Kohlen in den Bunkern glatt geschichtet.

Alle losen Gegenstände festgelascht.

Die an Bord befindlichen nicht am Versuch beteiligten Leute erhalten einen bestimmten Platz angewiesen.

Tiefgang vorn und hinten möglichst genau ablesen.

Spez. Gewicht des Wassers genau bestimmen.

Verzeichnis aller Gegenstände, die während des Krängungsversuches an Bord waren, aber nicht an Bord gehören, ebenso aller Gegenstände, die noch nicht an Bord sind, aber zum Schiff gehören, um mittelst einer einfachen Momentenrechnung den Schwerpunkt des seeklaren Schiffes zu ermitteln.

Ergibt der Krängungsversuch eine zu kleine metazentrische Höhe, so kann man dem abhelfen durch

1. künstliches Verbreitern der Schwimmlinie (dicke Holzlage als Gürtel um das Schiff, Anbau von Stabilitätswulsten),
2. vermindern der oberen Gewichte,
3. schweren Ballast im Boden.

Bewegliche, namentlich flüssige Ladung (aber auch Getreide, schlecht gestaute Kohle u. dgl., die beim Schlingern des Schiffes leicht übergehen kann) ist für die Stabilität des Schiffes äußerst gefährlich, ja sie kann diese sogar vollständig zunichte machen und dadurch ein Kentern herbeiführen. (Eiserne Bark „J. C. F. Glade", Dampfer „Avaré".)

Für Überschlagsrechnungen setzt man $MF = \frac{J - i}{V}$, worin J das Trägheitsmoment der ganzen Schwimmfläche des Schiffes, i das Trägheitsmoment der freien Oberfläche der flüssigen Ladung bezogen auf die Längsachse der freien Oberfläche, V die Verdrängung ist. Sind mehrere voneinander unabhängige freie Oberflächen vorhanden, dann ist i die Summe ihrer Einzelträgheitsmomente bezogen auf die Einzelachsen.

Die reduzierte Stabilität wird demnach

$$St_r = P\left(\frac{J - i}{V} - a\right) \sin\varphi.$$

Trimänderung.

Unter Trim versteht man die Lage des Schiffes der Länge nach. Trimänderung bedeutet demnach die Änderung des Tiefganges vorn und hinten, ohne daß dabei die Größe der Verdrängung geändert wird. Eine Trimänderung im eigentlichen Sinne kann also nur durch Verschieben von Gewichten in der Längsrichtung hervorgerufen werden. Skizze 28.

Ist p verschobenes Gewicht, (p) seine ursprüngliche Lage, e die Verschiebung desselben parallel der ursprünglichen Schwimmlinie W_0L_0, P das Gesamtgewicht des Schiffes, GG_1 die Verschiebung des Gewichtsschwerpunktes G, dann ist nach dem Schwerpunktverschiebungssatz

$$GG_1 \,//\, e \,//\, W_0L_0$$

und

$$GG_1 : e = p : P,$$

also

$$GG_1 = \frac{p \times e}{P}.$$

Infolge der Gewichtsverschiebung dreht sich das Schiff um eine horizontale Querachse und zwar solange, bis der neue Formschwerpunkt F_1 mit G_1 in eine Vertikale fällt. Die Drehung erfolgt im allgemeinen um die Querachse, die durch den Schwerpunkt S der ursprünglichen Schwimmlinie geht.

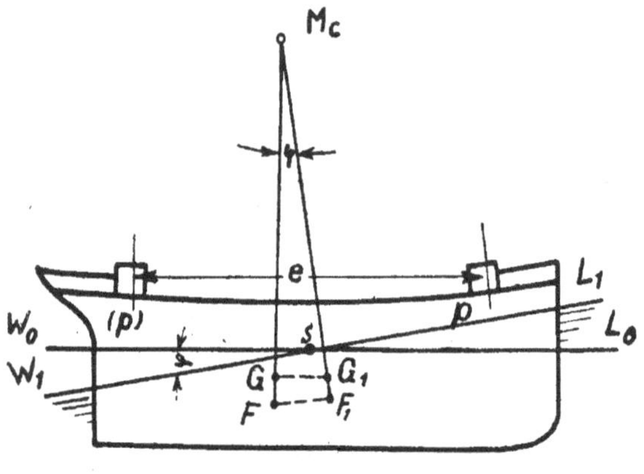

Skizze 28.

Im Dreieck G_1M_lG ist nun Winkel $G_1GM_l = R$ und Winkel $GM_lG_1 = \varphi$, also ist

$$\operatorname{tg} \varphi = \frac{GG_1}{M_lG}$$

Setzt man für GG_1 den obigen Wert ein, so erhält man

$$\operatorname{tg} \varphi = \frac{p \times e}{P \times M_lG}$$

M_l nennt man das Längenmetazentrum,
M_lG die längsmetazentrische Höhe.

Trimmoment.

Das Schiff habe durch die in der Längsrichtung erfolgte Verschiebung der p Tonnen um e Meter vorn eine Tiefertauchung von v, hinten eine Austauchung von h, im ganzen einen Tauchungsunterschied von $v + h = u$ Metern erfahren. Skizze 29. Die Länge des Schiffes in der W_0L_0 sei L, dann ist

$$\frac{u}{L} = \operatorname{tg} \varphi$$

oder

$$u = L \times \operatorname{tg} \varphi.$$

Nun ist

$$\operatorname{tg} \varphi = \frac{p \times e}{P \times M_lG}$$

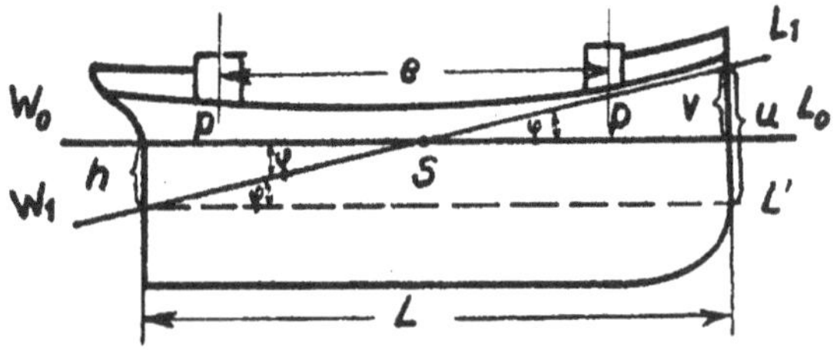

Skizze 29.

also wird der Gesamttauchungsunterschied

$$u = p \times e \times \frac{L}{P \times M_lG}$$

Für Schiffe vom gewöhnlichen Frachtdampfertyp ($L/B \sim 6$) kann man für Überschlagsrechnungen $M_l G \sim L$ setzen, dann wird angenähert $u \sim \frac{p \times e}{P}$.

Hat man hiernach u bestimmt, dann ergibt sich h und v wie folgt:

Skizze 30.

Dreieck $W_1 W_0 S \sim$ Dreieck $L_1 L' W_1$,

also

$$h : W_0 S = u : L' W_1 = u : L$$

$$h = u \times \frac{W_0 S}{L}$$

Dreieck $L_1 L_0 S \sim$ Dreieck $L_1 L' W_1$,

also

$$v : L_0 S = u : L' W_1 = u : h$$

$$v = u \times \frac{L_0 S}{L}.$$

Soll für einen bestimmten Gesamttauchungsunterschied u das erforderliche Verschiebungsmoment, das trimmende Moment, berechnet werden, so ergibt sich dies aus obiger Formel zu

$$p \times e = u \times \frac{P \times M_l G}{L}.$$

In der Regel wird das Trimmoment, d. h. das trimmende Moment für einen Gesamttauchungsunterschied von 1 m ($u = 1$ m), bestimmt. Dasselbe ist

$$(p \times e)_1 = \frac{P \times M_l G}{L};$$

alle Maße in Metern und Tonnen.

Errechnet man nun nach dieser Formel für die Tauchtiefen bis zu den einzelnen Wasserlinien die entsprechenden Trimmomente und trägt die Ergebnisse auf den betreffenden Wasserlinien von einer Vertikalen ZZ aus ab, so ergibt sich die Trimmomentenkurve. Skizze 30.

Mit Hilfe des Trimmomentes $(p \times e)_1$ kann man das trimmende Moment $(p \times e)_x$ für jeden beliebigen Tauchungsunterschied x berechnen.

Es ist

$$(p \times e)_x : (p \times e)_1 = x : 1,$$

also

$$(p \times e)_x = x \times (p \times e)_1.$$

Zu- und Abladen von Gewichten.

Wird ein Gewicht p so an Bord gebracht, daß sein Schwerpunkt mit dem Schwerpunkt S der Schwimmlinie in eine Vertikale fällt, so ergibt sich eine Paralleltiefertauchung von

$$d = \frac{p}{W_0 L_0 \times \gamma}.$$

Man nimmt dabei an, daß der Schiffskörper im Bereich der Tauchzone zylindrisch ist. Skizze 31.

Werden die p Tonnen an anderer Stelle an Bord gebracht, so denkt man sie zunächst mit ihrem Schwerpunkt senkrecht über oder unter Schwerpunkt S an Bord gegeben, bestimmt die parallele Tiefertauchung und verschiebt nun das Gewicht p an die gewünschte Stelle, wodurch sich noch eine Trimänderung ergibt. Skizze 32. Die Verschiebungsstrecke sei e_1 Meter. Die Tiefgänge ergeben sich dann wie folgt:

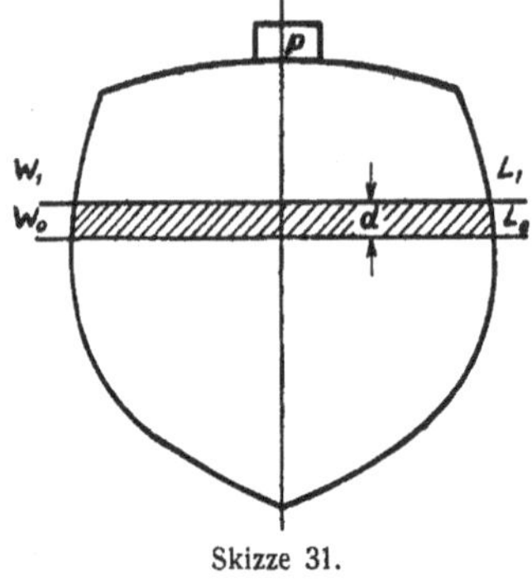

Skizze 31.

Tiefgang nach der Paralleltiefertauchung:

$$Tfg_{h_1} = Tfg_h + d$$

$$Tfg_{v_1} = Tfg_v + d.$$

Nach der Trimänderung, wobei angenommen ist, daß die p Tonnen nach vorn verschoben sind:

$$u = p \times e_1 \times \frac{L}{P' \times M_l G}.$$

Hierin ist P' das Gewicht von Schiff plus p, $M_l G$ ist die metazentrische Höhe des auf $W_1 L_1$ liegenden Schiffes, S_1 sei der Schwerpunkt der $W_1 L_1$, dann ist

Hintere Austauchung: $h = u \frac{W_1 S_1}{L}$; vordere Eintauchung $v = u \frac{L_1 S_1}{L}$

$$Tfg_{h_2} = Tfg_{h_1} - h = Tfg_h + d - h$$

$$Tfg_{v_2} = Tfg_{v_1} + v = Tfg_v + d + v.$$

Analog liegen die Verhältnisse beim Vonbordgeben von Gewichten.

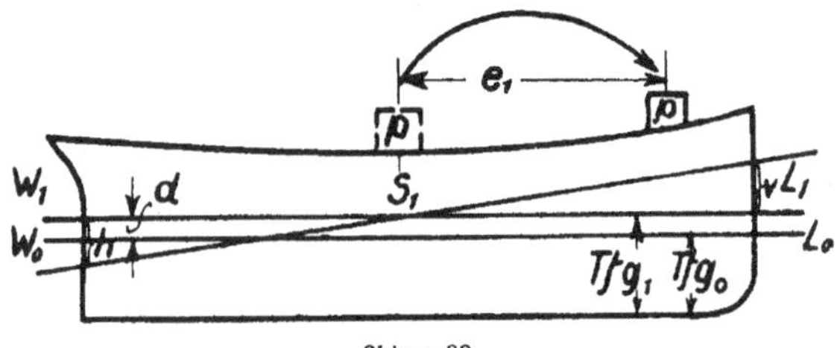

Skizze 32.

Schiffstypen und Aufbauten.

Die Bezeichnung „Sturmdecker“, „Spardecker“ usw. ist durch die Änderung der Bauvorschriften übergegangen in den allgemeinen Begriff „Schiffe mit Freibord“. Dies sind entweder Schiffe, bei denen das oberste durchlaufende Deck nicht Freiborddeck ist, oder Schiffe, bei denen das oberste durchlaufende Deck zwar Freiborddeck ist, deren Tiefgang aber kleiner ist als der sonst größte zulässige, bei denen die Abmessungen der Bauteile infolgedessen geringer sind als die für die Klasse 100 A erforderlichen. Skizze 33.

Schiffe mit Hütte, Brückenhaus und Back,

sogenannte Dreiinselschiffe, haben einen hinteren Aufbau, die Hütte oder Poop, einen mittleren Aufbau, das Brückenhaus, und einen vorderen Aufbau, die Back. Alle drei Aufbauten reichen von Bord zu Bord. Skizze 34.

Schiffe mit langer Hütte und Back.

Bei ihnen geht die Hütte in das Brückenhaus über, ein besonders für Fahrgastschiffe beliebter Typ. Skizze 35.

Quarterdeckschiffe.

Um den hinteren Unterdeckraum zu vergrößern und das Schiff so bei homogener Ladung unter Ausnutzung des gesamten Unterdeckraumes auf ebenem Kiel zu halten, ist der hintere Teil des Decks um halbe Deckshöhe gehoben (raised quarterdeck). Ein Mangel dieser Schiffe liegt in der Unterbrechung des Längsverbandes. Skizze 36.

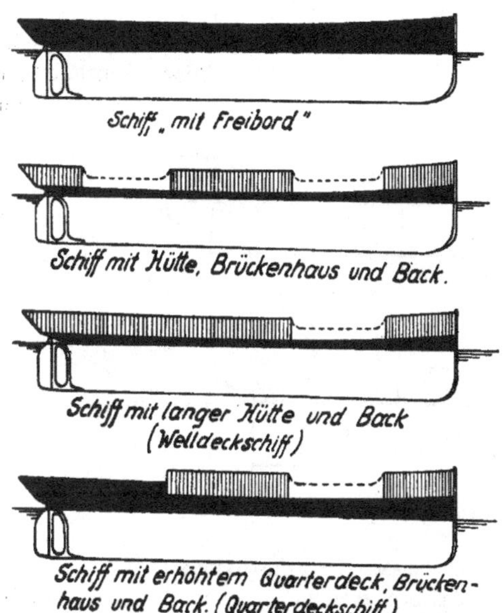

Skizze 33—36.

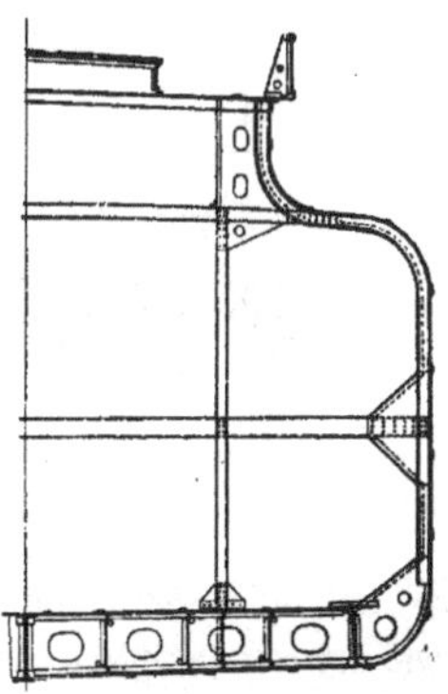

Skizze 37. Turmdeckschiff.

Turmdeckschiffe (Turret-deck).

Dieses sind Schiffe mit einem festen, durchlaufenden Aufbau, der mit dem Haupt- oder Hafendeck einen unmittelbaren Bestandteil der Außenhaut bildet. In der Regel haben diese Schiffe eine Hütte und eine Back, bisweilen auch ein Brückenhaus. Sie sind besonders für lose Schüttladung geeignet und brauchen kein Schlingerschott. Skizze 37.

Benennung der Decks.

Das oberste sich über die ganze Länge des Schiffes erstreckende Deck ist das Hauptdeck, wenn es zugleich Freiborddeck ist (sonst Aufbaudeck). Die unter dem Hauptdeck gelegenen unteren Decks werden, von oben gerechnet, als zweites, drittes usw. Deck bezeichnet.

Die unmittelbar über dem Hauptdeck gelegenen Aufbaudecks sind Backdeck, Brückendeck und Poopdeck. Aufbaudecks über dem Brückendeck werden als Promenadendeck und Bootsdeck bezeichnet.

Beanspruchung der Schiffsverbände.

Die Längs- und Querverbände eines Schiffes müssen solche Abmessungen erhalten und so miteinander verbunden sein, daß selbst in der ungünstigsten Lage des Schiffes die auf dasselbe wirkenden Kräfte keine bleibende Formänderung hervorrufen.

Bei der Untersuchung der Beanspruchung der Längsverbände sind zunächst zwei Fälle zu unterscheiden:

1. Das Schiff in ruhigem Wasser,
2. das Schiff in bewegter See.

Im ersten Falle wird ein Schiffskörper im allgemeinen mit der Mitte nach oben aufbuchten wollen, denn das Gewicht der Enden ist größer als der Auftrieb, während dieser im mittleren Teile überwiegt (Katzenbuckel bei weichen hölzernen Segelschiffen im leeren

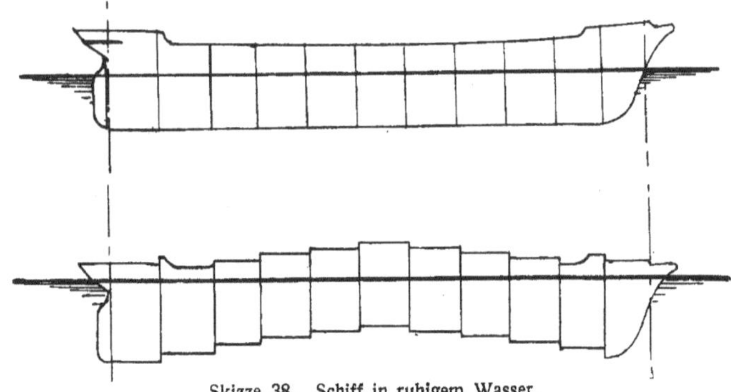

Skizze 38. Schiff in ruhigem Wasser.

Zustand). Skizze 38. Ist die Mitte besonders belastet, etwa durch eine schwere Maschinenanlage wie bei Raddampfern, dann tritt das Bestreben auf, sich doppelt durchzubiegen.

Beim zweiten Fall ist zu unterscheiden, ob das Schiff mit der Mitte auf einem Wellenberg und mit den Enden über einem Wellental liegt oder umgekehrt. Skizze 39 u. 40.

Bei der ersteren Lage treten gewöhnlich die größeren Zug- und Druckspannungen in den oberen bzw. unteren Längsverbänden auf.

Den beiden unter 2. genannten Lagen entsprechen die in den Skizzen 39 und 40 angedeuteten Fälle: das Schiff ist bei Flut festgekommen und bei Ebbe ganz oder teilweise trocken gefallen. Hierbei werden die Verbände in noch viel höherem Grade beansprucht als beim schwimmenden Schiff.

Bei diesen Durchbiegungen treten außer den Zug- und Druckspannungen horizontale Schubspannungen auf, welche in der Nähe der neutralen Schicht am größten sind und von da nach oben und unten bis auf Null abnehmen. Diese Schubspannungen machen sich besonders bei Holzschiffen unangenehm bemerkbar, wo sie sich vorzugsweise in den Nähten der Außenhaut zeigen und ein häufiges Nachdichten erforderlich machen.

Die Querverbände werden besonders durch den Druck des Wassers beansprucht, der sich hauptsächlich als Seiten- und Bodendruck äußert. Skizze 41 und 42. Weitere Beanspruchungen finden statt durch den Stoß der Wellen beim Seegang, Skizze 43, durch Eisdruck, durch den Druck des Windes, welcher hauptsächlich durch die Segel und Masten auf das stehende Gut und damit auf den Schiffskörper übertragen wird, ferner durch den

Widerstand des Wassers bei der Fortbewegung des Schiffes und andere Ursachen der verschiedensten Art wie falsche Stauung, überkommende Seen, schlechte Abstützung im Dock usw.

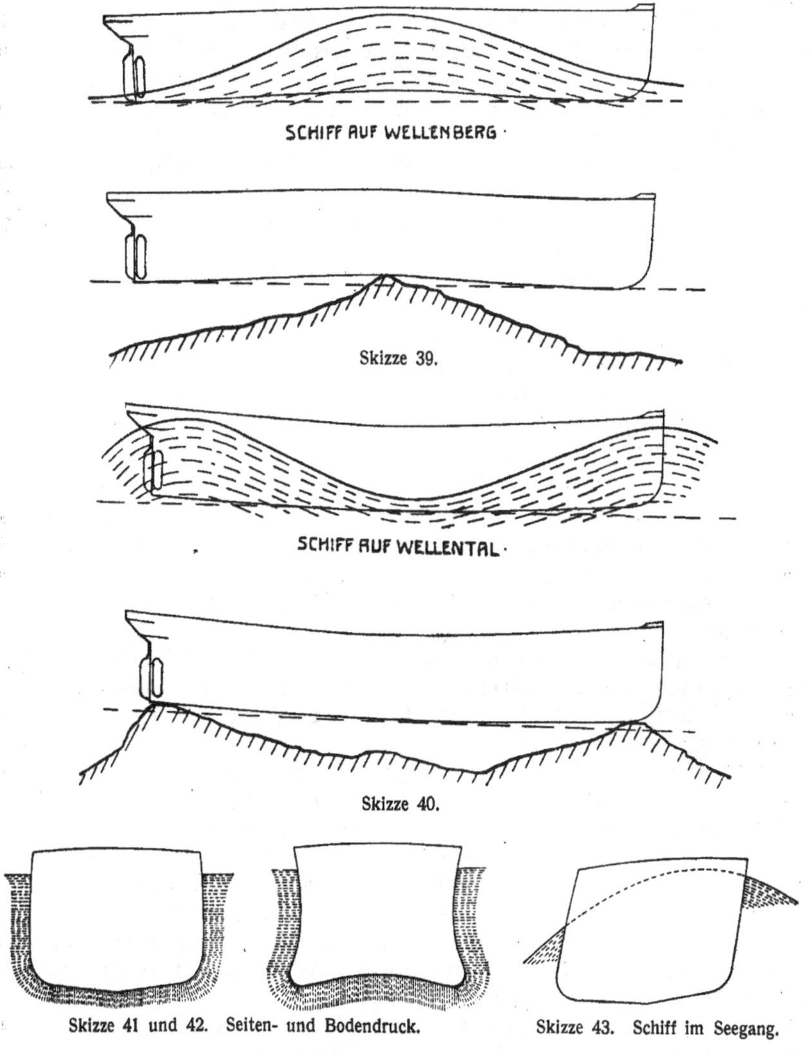

Skizze 39.

Skizze 40.

Skizze 41 und 42. Seiten- und Bodendruck.

Skizze 43. Schiff im Seegang.

Allen diesen Beanspruchungen soll nun der Schiffskörper auf Grund der Abmessungen und Verteilung der einzelnen Verbandteile widerstehen können, dabei soll aber auch gleichzeitig die Bedingung erfüllt sein, daß möglichst an Gewicht, d. h. an Material gespart wird.

Schiffsklassifikation (Classification societies).

Die Schiffsklassifikationsgesellschaften sind rein private Unternehmungen. Sie haben den Zweck, die Seefähigkeit und die Stärke der Konstruktion der Handelsschiffe festzustellen und durch Erteilung einer bestimmten Klasse jedem Beteiligten ein Urteil über die Zuverlässigkeit des Schiffes zu ermöglichen. Sie stellen in ihren Bauvorschriften, gestützt auf langjährige Erfahrungen und theoretische Untersuchungen, Regeln für den Neubau von Schiffen auf, ebenso für deren Kessel, Maschinen, elektrische Anlagen usw., sie überwachen die Bauausführung und untersuchen Schiffskörper, Maschinen, Kessel usw. in periodisch wiederkehrenden Zeiträumen.

Diese Institute bilden somit gewissermaßen die Vertrauenspersonen für Reeder und Versicherer, jene erhalten ein nach ihren Wünschen zuverlässig gebautes, sicheres Schiff, diese einen Maßstab für den Bauwert desselben, nach dem sie die Höhe der Versicherungssumme und der Prämie abschätzen können.

Für Deutschland kommen hauptsächlich folgende Klassifikationsgesellschaften in Betracht:

Germanischer Lloyd, gegründet 1867.
Lloyd's Register of British and Foreign Shipping
oder kurz „Englischer Llyod" genannt, gegründet 1834.
British Corporation for the Survey and Registry of Shipping, gegründet 1890.
Bureau Veritas, die älteste, gegründet 1828.
Norske Veritas, gegründet 1864.

Alle diese Institute teilen die Schiffe nach Klassen ein und drücken den relativen Wert bzw. Grad der Zuverlässigkeit durch ein bestimmtes Klassenzeichen aus. Da die Schiffe durch ungenügende Konservierung oder andere Ursachen im Laufe der Zeit an positivem Wert verlieren können, wird einem Schiffe ein bestimmtes Klassenzeichen auch nur auf eine bestimmte Anzahl Jahre gewährt.

Die Klassenzeichen des Germanischen Lloyd für flußeiserne Schiffe sind 100 A_4 und 90 A_3, worin die Zahlen 100 und 90 den Grad der Stärke und den Unterhaltungszustand der Schiffe und die Zahlen 4 und 3 die Dauer der Klasse und damit die Dauer der Besichtigungsperioden ausdrücken.

Schiffe, die in allen Teilen den Bau- und Ausrüstungsvorschriften entsprechen, erhalten die Klasse 100 A_4. Ist nicht allen Anforderungen entsprochen, besonders in der Arbeitsausführung oder bezüglich des Unterhaltungszustandes, des Werkstoffes oder der Ausrüstung, so kann die Klasse 90 A_3 erteilt werden. Für Schiffe, die nur in beschränkter Fahrt beschäftigt werden, können Abweichungen von den Bauvorschriften zugelassen werden, in diesem Falle wird dem Klassenzeichen ein Fahrtzeichen hinzugefügt:

100 A_4 *K* für große Küstenfahrt, dies ist die Fahrt zwischen allen Häfen Europas, des Mittelländischen und des Schwarzen Meeres sowie die Fahrt in überseeischen Gewässern ähnlicher Art (bis 5 % schwächer als 100 A_4).

100 A_4 „Nordsee", dies ist die Fahrt in der Nordsee bis zum 61° n. Br., im Ärmelkanal und nach der irischen See (bis 7,5 % schwächer als 100 A_4).

100 A *k*, dies ist die kleine Küstenfahrt, also an der Küste zwischen nahe gelegenen Häfen (bis 10 % schwächer als 100 A_4).

Schiffe, die für einen kleineren Tiefgang gebaut werden als der für ein gleich großes Volldeckschiff vorgesehene Tiefgang beträgt, und die nach den Bauvorschriften des Germanischen Lloyd ausgeführt sind, erhalten die Klasse 100 A_4 „mit Freibord" oder 90 A_3 „mit Freibord".

Schiffe, die für den Transport von Erz oder ähnlichen schweren Ladungen verstärkt sind, erhalten hinter dem Klassenzeichen das Zeichen „Erz".

Schiffe, deren Bug nach den Bauvorschriften auf eine Länge gleich der Schiffsbreite, gerechnet vom Vorsteven, für die Fahrt durch Eis verstärkt sind (Außenhaut, Spanten, Stringer), erhalten hinter dem Klassenzeichen das Zeichen: (E). Das Zeichen (E+) wird erteilt, wenn sich die Eisverstärkung des Vorschiffes bis über den Punkt erstreckt, an dem in der Tiefladelinie die größte Schiffsbreite erreicht wird.

Schiffe, die unter besonderer Aufsicht des Germanischen Lloyd erbaut sind, erhalten vor dem Klassenzeichen das Zeichen ✠ (z. B. ✠ 100 A_4).

Schiffe, deren Schottenanordnung den Vorschriften der S. B. G. über wasserdichte Schotte für Fahrgastdampfer entspricht, erhalten das Zeichen ✝ unter Angabe des entsprechenden Tiefganges, bis zu welchem das Schiff diesen Bedingungen entspricht, z. B. 100 A_4 ✝ $^{Tfg\ 7{,}6\ m}$.

Sind solche Schiffe unter besonderer Aufsicht des G-L. gebaut, so wird dem Klassenzeichen das Zeichen [✠] hinzugefügt: z. B. [✠] 100 A_4 (E) ✝ $^{Tfg\ 7{,}6\ m}$.

Bei Feststellung der Klasse wird nicht allein auf die Stärke der Verbände, wie sie durch die Bauvorschriften entsprechend den Hauptabmessungen des Schiffes verlangt wird, Rücksicht genommen, sondern auch der Beschaffenheit des Werkstoffes und der guten Arbeit Rechnung getragen.

Als Werkstoff für den Schiffbau kommt in der Hauptsache für Deutschland Siemens-Martin-Flußeisen in Frage, hierfür gelten die in den Bauvorschriften gegebenen Abmessungen.

Zugfestigkeit 41 bis 49 kg/qmm bei einer Dehnung von 20 %, wenn die Stücke 10 mm und darüber, von 16 %, wenn die Stücke 5 mm und weniger als 10 mm dick sind.

Außer der Zerreißprobe noch Kalt- und Warmbiegeprobe, Härtungsprobe und Bestimmung des Biegungswinkels.

Um nun jederzeit den an den Schiffahrtsverhältnissen beteiligten Kreisen Gelegenheit zu geben, sich über den Zustand eines Schiffes ausreichend zu unterrichten, werden von den Klassifikationsgesellschaften „Register", d. i. Schiffslisten herausgegeben. Diese enthalten Namen, Unterscheidungssignal, Heimathafen, Hauptabmessungen, Klassenzeichen, Datum der letzten Besichtigung, Registertonnen, Angaben über die w. d. Schotte, Unterbringung des Wasserballastes, Funkausrüstung, Unterwasserschallsignale usw. aller bei dem betr. Institut klassifizierten Schiffe, ferner die erforderlichen Angaben über Maschine, Kessel, elektrische Einrichtung usw.

Freibord (Freeboard).

Unter Freibord versteht man das Maß von Oberkante Hauptdeck bis zur Schwimmlinie gemessen auf $\frac{1}{2}\,L$ an der Seite des Schiffes. Skizze 44.

Die Freibordhöhe ist mit in erster Linie maßgebend für die Seefähigkeit (seaworthness) des Schiffes. Ein Schiff ist als überladen und damit als „seeuntüchtig" (unseaworth) anzusehen, wenn sein über Wasser gelegener Teil, das Reservedeplacement, zu klein ist im Verhältnis zum eingetauchten Teil des Schiffes. Dieses Verhältnis kann naturgemäß am kleinsten sein bei Schiffen, welche auf Binnengewässern fahren oder der Küstenfahrt dienen. Aber noch andere Punkte haben auf die Freibordhöhe einen berechtigten Einfluß; so brauchen Schiffe mit einem geringen Sprung einen größeren Freibord als Schiffe mit großem Sprung, weil sie im allgemeinen mehr See übernehmen werden. Verhältnismäßig langen Schiffen gibt man mehr Freibord als kurzen aus Gründen der Stabilität.

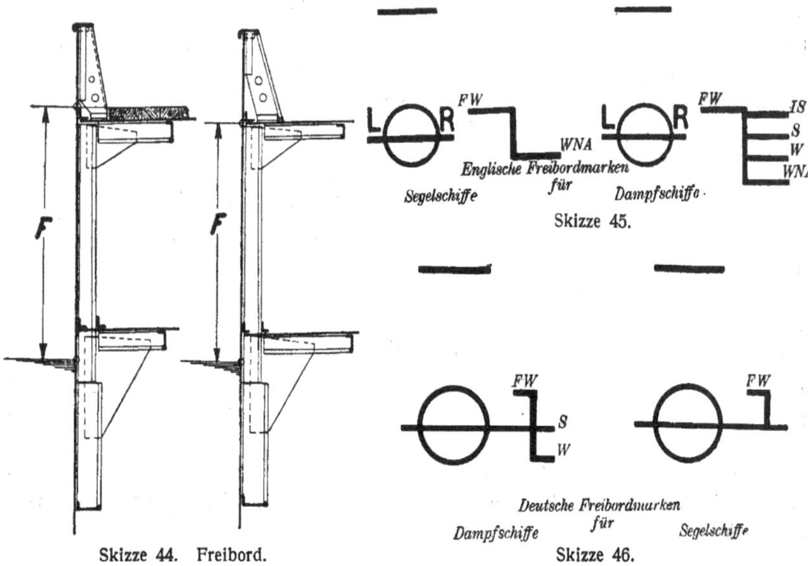

Skizze 44. Freibord.

Skizze 45.

Skizze 46.

Die Art und Länge geschlossener Aufbauten, die Festigkeitsverhältnisse usw. haben ebenfalls einen Einfluß auf die Freibordhöhe. Fahrgastdampfer sollen den höchsten Prozentsatz an Reserveschwimmkraft und demnach auch den relativ höchsten Freibord haben.

In England besteht seit 1890 ein Gesetz, welches für die einzelnen Schiffe einen Mindestfreibord vorschreibt. Englische Freibordmarke für Dampfschiffe vgl. Skizze 45. Hierin ist

F.W.	Tiefladelinie	für	Frischwasser,
I.S.	„	„	Indischen Ozean,
S.	„	„	Sommer, Seewasser,
W.	„	„	Winter, Seewasser,
W.N.A.	„	„	Winter, Nordatlantik.

In Deutschland bestehen Freibordvorschriften seit 1903, sie sind vom Germanischen Lloyd bearbeit und von der S. B. G. herausgegeben worden. In der 1908 erschienenen revidierten Fassung gelten sie zur Zeit noch. Deutsche Freibordmarke vgl. Skizze 46.

Bei Benutzung der Freibordtabellen der S. B. G. ist vorausgesetzt, daß es sich um ein Schiff ohne Aufbauten mit der Klasse 100 A oder 100 A *K* handelt, daß dieses Schiff einen normalen, in den Vorschriften gegebenen Sprung hat, und daß das Verhältnis der Länge zur Seitentiefe bei Dampfern = 12, bei Seglern = 10 ist. Für Abweichungen von diesen Voraussetzungen werden die gegebenen Werte entsprechend erhöht bzw. verkleinert.

Vermessung (Measurement).

Die Vermessung der Schiffe hat den Zweck, eine Grundlage für die von ihnen zu leistenden Abgaben zu schaffen, und zwar wird ein Handelsschiff bewertet und somit auch besteuert nach dem Raum, der zur Aufnahme nützlicher Zuladung benutzt werden kann.

Die heute üblichen Vermessungsmethoden beruhen sämtlich auf den von Moorsom 1854 veröffentlichten Grundzügen. Das Grundmaß ist die Registertonne = 100 Kubikfuß, engl. = 2,832 cbm.

Der ganze innere Raum des Schiffes bis zum obersten Deck, sowie alle festangebrachten geschlossenen Aufbauten werden aufgemessen, die Summe aller dieser Räume, ausgedrückt in Registertonnen, ergibt den sogenannten Brutto-Tonnengehalt. (Gross-Register-Tonnage.)

Hierbei werden nicht einvermessen alle Räume, die lediglich als Wasserballasträume gebraucht werden können, und die Räume, die keine seefesten Verschlüsse haben, also dem Seeschlag zugängig sind (Vermessungsöffnung im Deck oder in der Bordwand).

Von diesem Brutto-Tonnengehalt ist alsdann der Inhalt aller derjenigen Räume in Abzug zu bringen, welche nicht unmittelbar für die Ertragfähigkeit des Schiffes in Verwendung kommen: Wohnräume für die Besatzung, Speiseräume, Anrichten, Bäder, Hospitäler usw., Räume für Bootsmannsvorräte, Karten- und Ruderhaus, Instrumentenkammer, Raum für drahtlose Telegraphie, Segellast. Für Maschinen-, Kessel- und Bunkerraum werden besondere prozentuale Abzüge gemacht. Der verbleibende Rest wird als Netto-Tonnengehalt bezeichnet. Nach diesem richten sich im allgemeinen die zu leistenden Abgaben wie Hafen-, Kanal-, Leuchtfeuergebühren usw. Die Dockgebühren werden gewöhnlich nach dem Brutto-Tonnengehalt, die Lotsengebühren nach dem Tiefgang berechnet.

Seit 1895 ist für das Deutsche Reich die sog. nationale Vermessung eingeführt, die sich unmittelbar an das englische Meßverfahren anschließt, so daß der deutsche Meßbrief auch von den englischen Behörden anerkannt wird und umgekehrt.

Für die Fahrt durch den Suez- und Panamakanal und die dafür zu entrichtenden Gebühren müssen die Schiffe noch nach dem von der Suez- bzw. Panama-Verwaltung festgesetzten Verfahren besonders vermessen werden und erhalten auch einen besonderen Meßbrief.

Vorzüge und Nachteile des Eisens als Schiffbaumaterial.

Der Hauptvorteil des Eisens gegenüber dem Holze ist wohl der, daß die Verbindung der einzelnen Teile eines eisernen Schiffes durch Nietung oder Schweißung derartig hergestellt werden kann, daß die Festigkeit der Verbindungsstelle bis auf einen geringen Prozentsatz nahezu derjenigen der verbundenen Teile selbst entspricht, was bei einem hölzernen Schiff auch nicht annähernd zu erreichen ist. Bei einer eisernen Außenhaut z. B. sind die einzelnen Gänge durch Nietung so zu einem Ganzen verbunden, daß sich die Nähte nur bei Zerstörung der Nietung öffnen können, während die einzelnen Plankengänge der Außenhaut eines hölzernen Schiffes gar nicht oder doch nur mittelbar durch die Innenhölzer miteinander verbunden sind, wodurch ein Begeben der Nähte namentlich beim Arbeiten des Schiffes in bewegter See infolge der auftretenden Schubspannungen geradezu bedingt wird. Ferner ist letzten Endes hierauf die Möglichkeit zurückzuführen, wasserdichte Schotte zwecks Erhöhung der Sicherheit des Schiffes einzubauen.

Eine Folge der hohen absoluten Festigkeit in den Verbindungsstellen ist das geringere Eigengewicht verglichen mit dem eines gleich großen hölzernen Schiffes. Von zwei Schiffen kongruenter Außenform, das eine aus Flußeisen, das andere aus Holz gebaut, hat das erstere ein um etwa 30 % geringeres Eigengewicht als das hölzerne; diese wesentliche Ersparnis an Gewicht kann im Interesse der Ladefähigkeit, stärkerer Maschine od. dgl. verwendet werden. Ferner ist der freie Innenraum eines eisernen Schiffes größer als der eines hölzernen.

Ein weiterer wesentlicher Vorteil des eisernen Schiffes gegenüber dem hölzernen ist die große Dauerhaftigkeit desselben. Gut gebaute und richtig im Anstrich gehaltene eiserne Schiffe sind nur einer sehr geringen Abnutzung ausgesetzt und haben eigentlich eine unbegrenzte Lebensdauer, während hölzerne Schiffe, selbst wenn sie aus bestem abgelagerten Material erbaut sind und die sorgfältigste Behandlung erfahren, in der Regel einem verhältnismäßig schnellen Verfall ausgesetzt sind. Das Eisen ist eben als anorganischer Stoff inneren Ursachen des Verderbens, wie dies beim Holz der Fall ist, nicht unterworfen; es unterliegt z. B. bei mangelhafter Ventilation nicht der Fäulnis oder der zerstörenden Wirkung des Schwammes, ebenso nicht dem Angriff des Bohrwurmes.

Für den Bau großer transatlantischer Dampfer könnte übrigens Holz als Baumaterial gar nicht in Frage kommen, da es unmöglich wäre, einem hölzernen Schiffskörper von derartigen Abmessungen die erforderliche Längsfestigkeit zu geben und ihm Maschinen einzubauen, wie sie bei modernen großen Dampfern üblich geworden sind.

Schließlich ist es möglich, in Eisen jede beliebige Form herzustellen, die in Holz bei genügender Festigkeit auszuführen technisch ein Unding wäre, es sei z. B. nur an die Wellenaustritte von Zweischraubenschiffen gedacht.

Neben den vielen Vorzügen hat nun das Eisen besonders bei Seeschiffen auch einen großen Nachteil, den zu beseitigen bisher noch nicht einwandfrei gelungen ist. Er besteht in dem raschen Bewachsen des Schiffsbodens mit verschiedenen Pflanzen, Muscheln, korallenartigen Gebilden u. dgl. Diese Erscheinung macht sich bei frischgemaltem Boden schon nach zwei bis drei Monaten stark bemerkbar, hauptsächlich in tropischen Gewässern. Dieser Bodenansatz übt naturgemäß einen außerordentlich nachteiligen Einfluß auf die Fahrgeschwindigkeit aus, wogegen gekupferte Holz- oder Kompositschiffe geschützt sind.

Die Frage der Beeinflussung des Kompasses durch die Masse eines eisernen Schiffes ist mehr oder weniger gegenstandslos geworden.

Konservierung der Schiffe (Maintenance).

Die Lebensdauer eiserner Schiffe würde eine außerordentlich hohe, fast unbegrenzte sein, wenn es gelänge, die Eisenteile vor dem Rosten zu schützen. Zur Rostbildung ist nun unbedingt das Zusammenwirken von Sauerstoff, Kohlensäure und Wasser erforderlich. Wenn es also gelingt, diese drei Faktoren vom Eisen fern zu halten, d. h. die Eisenoberfläche mit einem Mittel zu überziehen, das luft- und wasserdicht abschließt, dann ist eine Rostbildung ausgeschlossen. Als Überzug der gewünschten Art benutzt man im Schiffbau verschiedene Farbanstriche, in der Hauptsache Leinölfirnisfarben, Zementanstrich, Teer und zwar sowohl Holz- wie Steinkohlenteer, Aufstriche von Bitumastik, Verzinkung.

Die Anforderungen, die man an eine gute Rostschutzfarbe für Schiffskörper stellen muß, sind: rasches Trocknen, bedeutende Dünnflüssigkeit, um leicht in alle Unebenheiten gestrichen zu werden, Elastizität und Widerstandsfähigkeit gegen Druck usw., damit nicht bei Bewegungen im Schiffskörper oder bei äußeren mechanischen Einflüssen durchgehende Risse und Sprünge in der Farbschicht entstehen, welche dem Wasser den Zutritt zur Metalloberfläche gestatten. Endlich soll der Anstrich für Wasser möglichst unlöslich und undurchlässig sein.

Im übrigen gelten auch hier die für eine gute Rostschutzfarbe ganz allgemein aufzustellenden Bedingungen. Namentlich sollen sich die Anstrichmittel gegen Eisen und den Einfluß der Atmosphärilien chemisch möglichst indifferent verhalten, ferner soll der Anstrich bei großer Kohäsion und Adhäsion annähernd den gleichen Ausdehnungskoeffizienten besitzen wie das Eisen; er soll der Leitungsfähigkeit für Wärme und Elektrizität Rechnung tragen, um einen Ausgleich zu ermöglichen.

Eine Hauptbedingung für einen wirksamen Rostschutzanstrich ist vor allem die richtige Beschaffenheit der zu streichenden Oberfläche. Diese muß frei von Rost, Walzsinter, Schmutz usw., also metallisch rein und absolut trocken sein.

Das vom Walzwerk auf die Werft kommende Material ist gewöhnlich nicht frei von Walzsinter (mill scale), der im allgemeinen zunächst sehr fest am Eisen haftet. Dieser Sinter muß unter allen Umständen beseitigt werden, ehe ein brauchbarer Rostschutz aufgebracht werden kann. Beim Verzinken erfolgt dies im Säurebad (1 Teil Salzsäure auf 18 Teile Wasser), in dem man die zu verzinkenden Stücke etwa 1 Stunde lang hängen läßt, sie dann mit Stahlbürsten abschruppt und so in das Zinkbad bringt.

Im allgemeinen Schiffbau wird man indessen, um Zeit und Geld zu sparen, zu einfacheren Mitteln greifen. Man benutzt jetzt allgemein die Tatsache, daß der Sinter (Fe_3O_4), sobald Feuchtigkeit als Leiter vorhanden ist, mit dem Eisen (Fe) einen galvanischen Strom erzeugt. Man lagert daher die Platten usw., wie sie vom Walzwerk kommen, dem Wetter ausgesetzt im Freien und läßt das Schiff bis zum Stapellauf ohne Anstrich. Durch die vielen feinen Risse, die sich bei der Bearbeitung in der Sinterhaut bilden, dringt Feuchtigkeit ein, es entsteht ein galvanischer Strom, der die Feuchtigkeit zersetzt, wobei der freiwerdende Sauerstoff an das Eisen tritt und dieses zum Verrosten bringt. Es bildet sich also zwischen Eisen und Sinterhaut eine Rostschicht, die den Sinter abhebt, so daß er leicht mit dem Hammer abgeklopft werden kann. Die Rostschicht läßt sich nun ohne Schwierigkeit mit der Stahlbürste oder dem Sandstrahlgebläse entfernen, so daß nunmehr die Eisenfläche metallisch rein wird.

In noch höherem Grade erreicht man denselben Zweck, wenn man das Schiff ohne Außenanstrich zu Wasser läßt und später erst im Dock reinigt und streicht.

Um ein gutes Haften des Grundanstriches am Eisen zu erreichen, muß die zu streichende Fläche trocken sein, weshalb man nicht bei Regenwetter oder in den ersten Morgenstunden streichen sollte.

Der Grundanstrich für die Außenhaut und die inneren Teile besteht aus einer sog. „fetten" Farbe, d. h. man setzt dem Leinölfirnis nur wenig Farbstoff, am besten Bleimennige (Pb_3O_4) zu. Trotz mancher gegenteiligen Ansichten hat sich ein richtig aufgetragener Anstrich mit Bleimennige immer noch am besten bewährt.

Hierauf kommt, nachdem der Grundanstrich gut getrocknet ist, ein zweiter kräftigerer Anstrich mit „magerer" Bleimennigfarbe, auf den dann gewöhnlich der Schutzanstrich gegen Bewachsen des Bodens (antifouling paint) kommt.

Das Trocknen von Ölfarben geht in der Weise vor sich, daß das Öl aus der Luft Sauerstoff aufnimmt, oxydiert. Dieser Oxydationsprozeß wird bereits eingeleitet dadurch, daß man das Leinöl in der Firnisküche kocht. Setzt man dem Leinölfirnis als Farbkörper

Bleimennige hinzu, so gibt diese auch noch einen Teil Sauerstoff an den Firnis ab, der also auch im Inneren oxydiert und somit schnell erhärtet.

Als Ersatz für Bleimennige wird vielfach die sehr viel billigere, nicht giftige, Eisenmennige verwendet. Gute Erfahrungen hat man auch mit einer Mischung von Bleimennige und Zinkoxyd gemacht.

Die Überwasserteile der Außenhaut bekommen über dem Mennigeanstrich noch einen Ölfarbenanstrich in der gewünschten Tönung oder man verwendet einen Lackfarbenanstrich. Dieser ist billiger als ein Ölfarbenanstrich und trocknet sehr schnell, fast „unter dem Pinsel". Zur Herstellung dieses Anstrichmittels wird Harz in Benzin, Terpentinöl, oder, wie es meistens geschieht, in Spiritus aufgelöst und irgendein Farbzusatz zugegeben.

Das Innere der Außenhaut, die Spanten usw. sind im allgemeinen gegen Rosten genügend geschützt durch einen sorgfältig aufgebrachten doppelten Mennigeanstrich.

Bei der Konservierung der Wetterdecks ist zu unterscheiden, ob das Deck beplankt ist oder nicht. Im ersteren Falle ist es zweckmäßig, dem gut gereinigten Eisendeck einen kräftigen Anstrich von Holzteer zu geben, in welchen unmittelbar die Planken verlegt werden, so daß zwischen Eisen- und Holzdeck kein Zwischenraum verbleibt, in dem sich Leckwasser ansammeln könnte. Oft streut man in den Teer noch etwas Zement. Bei Verwendung des billigeren Steinkohlenteers ist darauf zu achten, daß er frei von Säuren und Ammoniak ist.

Unbeplankte Wetterdecks macht man bisweilen aus Schweißeisen, da dieses erfahrungsmäßig weniger zur Rostbildung neigt als Flußeisen.

Sonst genügt im allgemeinen ein doppelter Anstrich mit Leinölfirnis. Mitunter hat man bei kleineren Fahrzeugen wie Schleppern, Eisbrechern u. dgl. dem oberen Deck einen dicken, in mehreren Schichten aufgetragenen Schutzanstrich von Holzkohlenteer gegeben, dem man reichlich Zement und scharfen Seesand zusetzte. Das Ganze bildet einen guten Rostschutz und gibt dem Fuß bei schlechtem Wetter einen guten Halt.

Ganz besondere Sorgfalt bezüglich der Konservierung erfordern die unteren Partien des Raumes, vor allem der Doppelboden.

Die inneren Teile des Doppelbodens erhalten einen Zementanstrich, der im allgemeinen genügt. Der Außenboden erhält einen Zementbelag, der alle Nietköpfe gut bedeckt. Besonders in den Frischwasserzellen trägt ein Zementanstrich viel zur Erhaltung eines brauchbaren Wassers bei. Statt des Zementanstriches verwendet man in Ballasttanks und Lufttanks neuerdings häufig Bitumastikzementanstrich, in letzteren genügt auch ein zweimaliger Mennigeanstrich, oder einmal Bleiweiß, zweimal Mennige.

Ist die Doppelbodendecke mit einer Holzwegerung belegt, so ist es zweckmäßig, ihr einen kräftigen Schutzanstrich von Holz- oder Steinkohlenteer zu geben, auf den man reichlich Zement streut. Ist keine Wegerung vorhanden, so sieht man im allgemeinen überhaupt von einem Schutzanstrich ab, da sich infolge des häufigen Reinigens des Raumes beim Löschen die Doppelbodendecke gewöhnlich trocken und sauber hält. Die Doppelbodendecke im Kesselraum erhält unter den Kesseln einen 10—25 mm dicken Belag von Bitumastik oder hitzebeständigem Zement, im übrigen einen Bitumastik-Emaille-Anstrich.

Kimmstützplatten, Doppelbodenrandplatte und Außenhaut in den Gräben erhalten entweder Zementanstrich bzw. Zementbelag bis zur Höhe der Wasserlauflöcher oder Bitumastik-Emaille-Anstrich bzw. Bitumastik-Belag.

Die Kohlenbunker einschließlich Gräben erhalten entweder einen dreimaligen Mennigeanstrich oder einen Bitumastik-Emaille-Anstrich.

Öltanks erhalten einen kräftigen Anstrich mit ölbeständigem Bitumastik oder mit Spezialfarbe.

Vor- und Hinterpiek werden im Boden auszementiert unter Zusatz von Koksstücken zwecks Gewichtsersparnis; im übrigen erhalten sie einen dreimaligen Bleimennige- oder Zementanstrich.

Grundsätzlich verschieden von dem Rostschutzanstrich ist der Bodenanstrich zum Schutz gegen Bewachsen durch Rankenfüßler, Entenmuscheln, Seepocken, Moostierchen, Algen, Tange u. dgl. Ein hierzu geeigneter Anstrich enthält neben dem Lösungsbenzol noch Harz, Kopal, Öle und Teerprodukte zur Erzeugung der eigentlichen Farbhaut, als Farbkörper Eisenoxyd oder Zinkoxyd (rote oder graue Farbe) und als wichtigsten Bestandteil stark wirkende Gifte wie Quecksilber- oder Arsenpräparate.

Je nach der Giftwirkung, d. h. nach dem Gehalt an Giftstoffen unterscheidet man Patentfarbe Nr. II (für Nord- und Ostseefahrt), Nr. III für große Fahrt und Nr. IIIa für Tropenfahrt.

Da die Giftstoffe allmählich durch das Wasser ausgelaugt werden und die im allgemeinen weichen Bodenfarben bei der Fahrt weggerieben werden, ist nach etwa 6 Monaten eine Erneuerung des Bodenanstrichs erforderlich.

Eine besondere Stellung nimmt die Wassergangsfarbe oder Boottopfarbe ein; sie wird bei Schiffen, die viel in Ballast fahren, zwischen Leicht- und Tiefladelinie verwendet. Sie ist so zusammengesetzt, daß sie der wechselnden Einwirkung von Seewasser und Luft gut standhält, trocknet aber etwas langsamer als die anderen Bodenfarben.

Docken.

Beim Docken gleichlastiger Schiffe auf horizontaler Stapelung legt sich bei genügender Absenkung des Wassers der ganze Kiel in seinem ganzen horizontalen Teile im selben Augenblick auf die Stapelung. In diesem Augenblick können die Seitenstützen angebracht und die Kimmschlitten untergezogen werden, wodurch das Schiff gegen ein Umfallen gesichert ist. Das gleiche gilt, wenn man beim Docken eines steuerlastigen Schiffes der Stapelung den Fall des Kieles gibt.

Anders liegen die Verhältnisse, wenn man aus irgendeinem Grunde ein steuerlastiges Schiff auf horizontaler Stapelung docken will. Hierbei berührt das Schiff beim Absenken des Wassers zunächst mit der Hacke den hintersten Stapelklotz und dreht sich beim weiteren Absenken so lange, bis sich der ganze Kiel auflegt. Während dieser ganzen Periode befindet sich das Schiff in einer dem labilen Gleichgewicht ähnlichen Lage, kann indessen, da es sich in drehender Bewegung befindet, nicht abgestützt werden.

Vom Augenblick der Berührung der Hacke mit dem Stapel übt diese einen Druck auf den Stapel, der weiter zunimmt und sein Maximum in dem Augenblick erreicht, wo sich der ganze Kiel auflegt.

Dieser Druck ist annähernd $R = 2\,P\,\frac{Tg_h - Tg_v}{L}$, worin $Tg_h - Tg_v$ die Steuerlastigkeit des Schiffes bedeutet.

Schiffswiderstand und Maschinenleistung.

Für die Berechnung des Schiffswiderstandes ist im Laufe der Jahre eine große Anzahl von Formeln aufgestellt worden, die jedoch alle nur mehr oder minder genaue Annäherungen ergeben. Eine wirklich zuverlässige Formel für diesen Widerstand gibt es zur Zeit nicht. Indessen ist man imstande, aus den Ergebnissen von einwandfreien Probefahrten mit ähnlichen Schiffen und besonders von Schleppversuchen mit Modellen die für eine bestimmte Geschwindigkeit benötigte Maschinenleistung bzw. den Gesamtwiderstand zu ermitteln.

In der Regel wird die zur Überwindung des Widerstandes (W) bei der entsprechenden Schiffsgeschwindigkeit in Knoten ($\mathfrak{v}$) benötigte Maschinenleistung in Pferdestärken angegeben.

1 Knoten = 0,5144 m/sek. 1 PS = 75 mkg/sek.

$$\text{PSe} = \frac{W \times \mathfrak{v} \times 0{,}5144}{75}.$$

Bequeme und heute noch gern für Überschlagsrechnungen und Vergleiche benutzte Formeln sind folgende

$$Ce = \frac{\otimes \times \mathfrak{v}^3}{\text{PSe}} \quad \text{oder} \quad \text{PSe} = \frac{\otimes \times \mathfrak{v}^3}{Ce}$$

und

$$Ce_1 = \frac{V^{2/3} \times \mathfrak{v}^3}{\text{PSe}} \quad \text{oder} \quad \text{PSe} = \frac{V^{2/3} \times \mathfrak{v}^3}{Ce_1}$$

Hierin sind Ce und Ce_1 die sog. „Admiralitätskonstanten“,

$\otimes$ = eingetauchte Hauptspantfläche,

V = Verdrängung in cbm, für die auch das Gewicht des Schiffes in t gesetzt werden kann.

$\mathfrak{v}$ = Geschwindigkeit in Knoten.

Für Schnelldampfer und große Fahrgastschiffe

	ist	Ce	etwa	63,	Ce_1 etwa	300
„ große Frachtdampfer	„	Ce	„	80,	Ce_1 „	360
„ kleinere „	„	Ce	„	50—80,	Ce_1 „	170—300
„ Fischdampfer	„	Ce	„	57,	Ce_1 „	194

Das Verhältnis der effektiven Leistung zur indizierten Leistung, also PSe : PSi nennt man den Wirkungsgrad η der Anlage. Unter gleichzeitiger Berücksichtigung des Wirkungsgrades des Propellers ist η

bei größeren modernen Kolbenmaschinen etwa 0,5—0,6

„ „ „ Dieselmaschinen „ 0,45—0,5.

Probefahrten zur Ermittlung der Schiffsgeschwindigkeit bei höchster Maschinenleistung und des Brennstoffverbrauches bei verschiedenen Geschwindigkeiten sollten eigentlich mit jedem neugebauten Schiffe vorgenommen werden und zwar auf dem dem geladenen Zustande entsprechenden Tiefgang. Bei kleineren Dampfern begnügt man sich indessen meist damit, diese Werte für die größte erreichbare und für eine dauernd einzuhaltende Geschwindigkeit zu bestimmen, beschränkt sich aber oft auch darauf, lediglich die Gangbarkeit der Maschine und das Verhalten der Kessel festzustellen.

Meilenfahrten, Geschwindigkeitsmesser.

Vor Beginn der Probefahrt Tiefgang vorn und hinten genau feststellen, hiernach die Verdrängung, eingetauchte Hauptspantfläche und benetzte Oberfläche ermitteln. Die Tiefgänge sollen, wenn irgend möglich, vor Beginn jeder Probefahrt gleich sein. Steigung, Durchmesser und Projektion der Propellerflügel, Eintauchung des Propellers, Windstärke, Wasserströmung, Wassertiefe und Wassertemperatur messen. Auf der Fahrt möglichst viele Indikatordiagramme nehmen, desgl. Torsions- und Schubmessungen vornehmen. Brennstoff- und Kesselspeisewasserverbrauch feststellen.

Wirtschaftlichkeit in der Regelung der Schiffsgeschwindigkeit.

Hier sollen nicht die eigentlichen Wirkungsgrade von Kessel und Maschine untersucht werden, sondern nur die Gewinne und Verluste, die in der Ausnutzung der jeweiligen Maschinenanlage von nautischer Seite aus entstehen können.

Wird den Schiffskommandos aufgegeben, während der Reise den Brennstoffverbrauch möglichst wirtschaftlich einzustellen, so bedeutet dies, daß mit dem geringsten Brennstoffverbrauch die größte Seestrecke zurückzulegen ist. Soll diese Bedingung voll erfüllt werden, so muß mit der wirtschaftlichsten Geschwindigkeit gefahren werden, d.h. mit der Geschwindigkeit, bei welcher pro 1 t Brennstoff die größte Meilenzahl durchlaufen wird.

Ob diese wirtschaftliche Geschwindigkeit im Interesse des kaufmännischen Frachtgeschäftes immer durchzuhalten ist, das zu entscheiden ist im allgemeinen nicht Sache des Schiffskommandos.

Die Maschinenleistung und damit der Brennstoffverbrauch für ein bestimmtes Schiff wird angenähert nach der allgemeinen Admiralitätsformel bestimmt

$$PS_i = \frac{V^{2/3} \times v^3}{C_1}.$$

Hierin ist PS_i die Maschinenleistung in indizierten Pferdestärken,
V die Wasserverdrängung,
v die Geschwindigkeit in Knoten,
C_1 ein Erfahrungskoeffizient, der bei normalen Frachtdampfern etwa 250 beträgt (vgl. „Schiffswiderstand und Maschinenleistung“).

Dieser Ausdruck läßt nun leicht erkennen, wo Gewinne und Verluste zu suchen sind: Die Verdrängung und damit der Tiefgang des Schiffes ist von untergeordneter Bedeutung gegenüber der Geschwindigkeit. Der Wert $V^{2/3}$ zeigt, daß die Maschinenleistung nicht einmal im linearen Verhältnis — das wäre V^1 —, sondern in einem noch kleineren Verhältnis zum Deplacement steht.

Anders ist es dagegen mit der Geschwindigkeit: v^3 bedeutet, daß die Maschinenleistung mit der 3. Potenz der Geschwindigkeit zunimmt. Das bedeutet also: Soll die Geschwindigkeit verdoppelt werden, dann wird dazu nicht die doppelte, sondern die $2^3 = 8$fache Maschinenleistung benötigt.

Umgekehrt bringt jede Reduzierung in der Geschwindigkeit — selbstverständlich innerhalb nicht zu weiter Grenzen — nach demselben Gesetz eine erhebliche Brennstoffersparnis pro Tag.

Durch Reduzierung der Geschwindigkeit wird indessen die Reisedauer für einen bestimmten Seeweg verlängert, so daß ein Teil der durch Reduzierung ersparten täglichen Brennstoffmengen durch eine längere Dampfzeit wieder aufgezehrt wird.

Immerhin ist der verbleibende Gewinn noch sehr beträchtlich, da nämlich für gleiche Seewege die Kohlenverbräuche in quadratischem Verhältnisse zur Geschwindigkeit stehen. Mit einfachen Zahlen ausgedrückt heißt das: Für eine bestimmte Strecke und bei Verdoppelung der Geschwindigkeit wird die vierfache Brennstoffmenge benötigt.

Diese Beziehungen lassen sich an einem Beispiel deutlicher zum Ausdruck bringen.

Dampfer „Wiegand“: Geschwindigkeit 9,75 kn.

Kohlenverbrauch hierbei 32 t/24 Stdn. Reisestrecke Hamburg-Magellan 7800 Sm.

Danach ist die Reisedauer $\frac{7800}{9{,}75 \times 24} = 33{,}4$ Tage

und der Kohlenverbrauch $33{,}4 \times 32 = \mathbf{1065}$ t.

Angenommen, das Schiff soll 1 kn mehr laufen, also 10,75 kn, dann erfordert diese Geschwindigkeitssteigerung einen Kohlenverbrauch pro Tag, der sich errechnet zu 42,9 t, denn es ist

$$32 : x = 9{,}75^3 : 10{,}75^3\,,$$

also

$$x = \frac{32 \times 10{,}75^3}{9{,}75^3} = 42{,}9.$$

Danach ergibt sich ein Gesamtverbrauch für die ganze Strecke:

$$\text{Reisedauer} = \frac{7800}{10{,}75 \times 24} = 30{,}2 \text{ Tage,}$$

$$\text{Kohlenverbrauch } 30{,}2 \times 42{,}9 = 1295 \text{ t.}$$

Dasselbe ergibt auch die Betrachtung über Kohlenverbräuche für gleiche Seewege bei verschiedenen Geschwindigkeiten, nämlich $1065 : x = 9{,}75^2 : 10{,}75^2$

$$x = \frac{1065 \times 10{,}75^2}{9{,}75^2} = 1295 \text{ t.}$$

Es beträgt also die Geschwindigkeitssteigerung

von 9,75 auf 10,75 kn ~ 10,3 %,

die Steigerung im Kohlenverbrauch von 1065 auf 1295 t ~ 21,6 %,

die Steigerung des täglichen Kohlenverbrauches von 32 auf 42,9 t ~ 34 %.

Man sieht also aus diesem einfachen Beispiel, wie außerordentlich die Brennstoffverbräuche anwachsen bei einer Geschwindigkeitssteigerung von nur 1 kn.

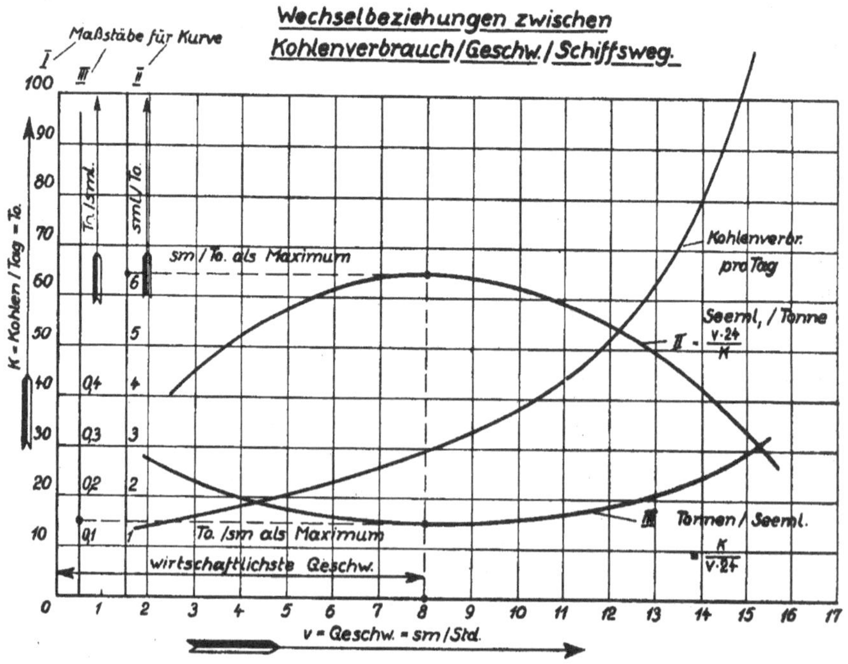

Nun ist rein brennstofftechnisch die Frage zu lösen: Welches ist die wirtschaftlichste Geschwindigkeit? Dies veranschaulicht am besten vorstehende graphische Darstellung obiger Beziehungen.

Trägt man in irgendeinem Maßstab horizontal die Geschwindigkeit v in Knoten, vertikal den Brennstoffverbrauch pro Tag k auf, so stellt die Kurve I die zu jeder Geschwindigkeit erforderliche Brennstoffmenge dar. Aus dem Verlauf der Kurve, welche angenähert einer kubischen Parabel entspricht, ersieht man, wie schnell der Brennstoffverbrauch mit der Steigerung der Geschwindigkeit wächst.

Der Quotient $\frac{k}{24\,v}$ stellt den Brennstoffverbrauch für eine Seemeile Schiffsweg dar. Trägt man diese Werte vertikal über den entsprechenden v-Werten auf, so erhält man Kurve III.

Die reziproken Werte, also $\frac{24\,v}{k}$, ergeben die Kurve II, welche die Anzahl Seemeilen darstellt, die mit 1 t Brennstoff zurückgelegt werden können. Wo diese Kurve ihr Maximum erreicht, hat Kurve III ihr Minimum, d. h. daß an dieser Stelle die wirtschaftlichste Geschwindigkeit liegt, oder mit anderen Worten, daß bei dieser Geschwindigkeit mit dem geringsten Brennstoffaufwand der längste Weg von dem vorliegenden Schiffe durchlaufen werden kann. Wie aus dem Kurvenblatt ersichtlich, ist die wirtschaftlichste Geschwindigkeit verhältnismäßig gering; sie dürfte bei einem normalen größeren Frachtdampfer bei etwa 8 kn liegen. Man würde also durch Reduzieren bis zu dieser Geschwindigkeit immer Brennstoff sparen. Reduziert man noch weiter, so geht der Brennstoffverbrauch wieder in die Höhe.

Aus dem Gesagten ergeben sich nun die Dispositionen der Schiffsleitung:

Solange Zeit der maßgebende Faktor ist, sei es, daß ein bestimmter Ankunftstermin innegehalten werden muß, sei es, um hohe Passagierverpflegungskosten zu sparen, wird die Dienstgeschwindigkeit des Schiffes ausgenützt werden müssen. Spielt dagegen Zeit keine wesentliche Rolle, dann sollte immer reduziert werden, um der wirtschaftlichsten Geschwindigkeit möglichst nahe zu kommen.

Leider läßt sich die wirtschaftlichste Geschwindigkeit nicht generell durch Rechnung ermitteln, sondern nur durch praktische Versuchsfahrten und zwar in der Weise, daß bei gleichen Wetter- und Stromverhältnissen mit verschiedenen Geschwindigkeiten gefahren wird, die jeweiligen Brennstoffverbräuche bestimmt und in der oben angedeuteten Weise graphisch aufgetragen werden. Daß dabei Kessel und Maschine technisch wirtschaftlich eingestellt werden müssen, erscheint selbstverständlich.

Die praktische Durchführung solcher Versuche hat ergeben, daß der Exponent 3 nur eine angenäherte Zahl ist, welche bei scharfen Schiffen und bei geringerer Geschwindigkeit unter 3, dagegen bei sehr völligen Schiffen und bei höherer Geschwindigkeit erheblich über 3 liegen kann. In der Praxis hat sich herausgestellt, daß bei völligen Frachtdampfern von einer bestimmten, an sich geringen Geschwindigkeit ab der Brennstoffverbrauch sogar mit der 4. Potenz der Geschwindigkeit wächst.

Alle diese Erwägungen haben natürlich nur Gültigkeit bei windstillem Wetter und stromlosem Wasser. Sobald Wetterverhältnisse zur Einwirkung kommen, liegen die Dinge weit schwieriger und meist ungünstiger. Man begeht durchaus keinen Fehler, wenn man bei ungünstigem Wetter annimmt, daß der Brennstoffverbrauch mit der 4. Potenz der Geschwindigkeit zunimmt.

Beispiel „Dampfer Wiegand". Durch widriges Wetter sei bei gleichem Kohlenverbrauch die Geschwindigkeit von 9,75 auf 6 kn heruntergegangen. Um von 6 auf 6,5 kn zu kommen, müßten nach obigen Ausführungen pro Tag 44 t Kohlen statt 32 t aufgewendet werden. Denn

$$32 : x = 6^4 : 6{,}5^4$$

$$x = \frac{32 \times 6{,}5^4}{6^4} = 44 \text{ t}.$$

Dieses Beispiel zeigt sehr kraß die Nutzlosigkeit, gegen widrige Wetterverhältnisse mit erhöhter Kraft anzudampfen. Der geringe Gewinn an Geschwindigkeit steht in vollkommenem Mißverhältnis zur aufgewandten Brennstoffmenge.

Ladegeschirr.

Die Wirtschaftlichkeit eines Schiffes hängt in hohem Maß von der Ausbildung und der zweckmäßigen Anordnung seiner Lade- und Löscheinrichtungen ab, weil die Dauer der Liegezeiten in erster Linie durch den Zeitaufwand für den Lade- und Löschbetrieb bedingt ist. Von der Gesamtlebensdauer eines normalen Frachtschiffes kommt etwa $^1/_3$, im Klein- und Nahverkehr sogar bis zu $^2/_3$ auf die Liegezeiten.

Als unumgängliche Voraussetzungen für die schnelle Erledigung des Ladebetriebes müssen genügend große, zentral über den Räumen gelegene Luken und eine genügende Anzahl von Ladebäumen mit je einer zugehörigen Winde vorhanden sein. Die gesamte auf einen Baum kommende Ladungsmenge sollte 500 t nicht überschreiten.

Nebeneinander können an einer Luke ein bis vier Ladebäume angeordnet werden; die zweckmäßigste Zahl ergibt sich aus der hauptsächlich geübten Methode des Ladebetriebes. Bei nur einem Baum muß das Schwenken von Hand mit Hilfe der Geeren erfolgen, womit nur wenig Ladung in der Zeiteinheit zu bewältigen ist. Wesentlich schneller kann gearbeitet werden, wenn man je zwei Bäume verwendet, von denen einer über der Luke, der andere über Bord zeigend festgesetzt wird und deren Lastseile mit einem gemeinsamen Haken gekuppelt sind. Das Seil des einen Baumes hebt die Last, während das Seil des anderen lose mitläuft. Durch Steifholen des zweiten Seiles wird die Last zum zweiten Baum hinübergegeben und unter Lose des ersten Seiles abgesetzt. Der Vorteil dieser Methode besteht in dem Fortfall aller Handarbeit, der Nachteil in der vermehrten Beanspruchung der äußeren Geeren und der Bäume, die bei sehr spitz gesetzten Geeren bis zu 100 % betragen kann, und darin, daß bei jedem Hub immer ein Seil während einer erheblichen Zeit für den Lasttransport ausfällt. Der Spreiz der beiden Lastseile während des Hinüberziehens der Last von der einen zur anderen Baumnock darf nicht größer als 120° werden, weil sonst eine Überlastung der Seile eintritt. Noch schneller läßt sich mit zwei Bäumen arbeiten, wenn jedem ein kleiner Schwenkwinkel gegeben wird, so daß der eine Baum die Last auf Deck absetzen und der zweite sie von hier, unabhängig vom ersten, weil die Seile nicht gekuppelt sind, über Bord oder ins Schiff geben kann. Auch mit einem Bordbaum hat man die Möglichkeit, mit gekuppelten oder ungekuppelten Lastseilen zu arbeiten, wenn als zweiter Baum der Baum eines Leichters oder einer entsprechenden Anlage an Land benutzt werden kann.

Die Befestigung der Ladebäume erfolgt entweder an Mittschiffsmasten oder an Ladepfosten, Doppelmasten sind seltener. Die Mittschiffsmasten stehen meistens zwischen zwei Luken und werden durch Wanten und Stage abgestützt, die Ladepfosten bringt man gern an den Enden von Aufbauten an. Dem radialen Anbau der Bäume an Mittschiffsmasten ist die Anordnung der Bäume an Masten mit seitlich ausgebauten Ladebaumstühlen, deren Pfosten häufig als Lüfter benutzt werden, vorzuziehen. Sie ist wohl die verbreitetste, weil hierbei gleichmäßig gut und ohne gegenseitige Behinderung nach beiden Schiffsseiten gearbeitet werden kann und die Winden zwischen den Quersüllen der Luken bequem Platz finden. Besonders vorteilhaft ist diese Anordnung, wenn die Saling so hoch liegt, daß die Bäume in aufgetopptem Zustand unter ihr durchschlagen können, womit die Bedienung zweier hintereinander liegender Luken mit den gleichen Bäumen möglich wird.

Auf kleinen Schiffen ist das Ladegeschirr in der Regel für 3 t Nutzlast bemessen, auf mittleren und großen Schiffen bildet der 5-t-Baum die übliche Norm. Für besonders schwere Lasten werden vielfach Schwergutbäume vorgesehen, mit denen Lasten bis zu 120 t, ja auch schon bis zu 200 t, bewältigt werden können. An jedem Ladebaum muß die ihm zuzumutende Höchstlast deutlich und dauerhaft angemarkt sein.

Die 3- und 5-t-Bäume werden durch einen einfachen Hanger aufgetoppt, der über einen schwenkbaren Block an der Saling fährt und am unteren Ende mehrere kräftige Langglieder haben muß, um ihn an Deck festschäkeln zu können. Das Lastseil läuft über einen einfachen Block an der Nock längs des Baumes zum Leitrad und zur Winde. Bei Schwergutbäumen ist der Hanger als Talje ausgebildet, so daß der Baum auch unter Last der Höhe nach verstellt werden kann, und ebenso ist für das Heben der Last eine Talje vorgesehen, deren holende Part annähernd parallel zur Hangertalje läuft und längs des Mastes über ein Leitrad zur Winde führt. Gewöhnliche Ladebäume haben zum Heben der Last stets nur eine Winde, während der Schwergutbaum vier bis fünf Winden erfordert, nämlich eine oder zwei zum Heißen, eine zum Toppen und zwei für das Schwenken. Beim Arbeiten des Schwergutbaums können daher die übrigen Bäume nicht gebraucht werden.

Das Ladegeschirr unterliegt der behördlichen Aufsicht. In Deutschland sind dazu bestellt: Die See-Berufsgenossenschaft, der Germanische Lloyd und die Hamburger und Bremer Hafeninspektionen. In England genügt für deutsche Schiffe das Zertifikat der See-Berufsgenossenschaft.

Die Behörden überzeugen sich von der Sicherheit und Brauchbarkeit des Ladegeschirrs vor dem Zusammenbau durch Prüfungen der Ketten, Seile und aller sonstigen Einzelteile, die den Normen des Handelsschiffs-Normen-Ausschusses entsprechen sollen. Nach fertig aufgebrachtem Ladegeschirr wird jeder einzelne Baum einer Belastungsprobe mit einer Prüflast, die 25 % jedoch nicht mehr als 5 t größer sein muß als die Nutzlast, unterworfen. Die Prüflast ist bei aufgetopptem Baum in Reelinghöhe zu heben und nach Backbord und Steuerbord vollständig auszuschwenken. In Zeiträumen von drei bis fünf Jahren wird die Belastungsprobe wiederholt und außerdem jährlich eine Besichtigung des Ladegeschirrs einschließlich der Winden in allen seinen Teilen vorgenommen. Wenn dabei festgestellt wird, daß die Abnutzung an einzelnen Teilen 10 % der ursprünglichen Maße erreicht hat, muß der betreffende Teil erneuert werden.

Lüftung.

Sämtliche Räume eines Schiffes müssen zum Zweck der Lufterneuerung, der Wärmeabfuhr und der Beseitigung von Gerüchen ständig mit Frischluft versorgt werden. Bei

Räumen, in denen sich dauernd Menschen aufhalten, z. B. Fahrgast- und Besatzungsräumen, sind es hygienische Rücksichten, bei Laderäumen, Lasten, Hellegatts, Küchen, Aborten und Vorratsräumen aller Art die Forderungen nach Erhaltung der Ladung und des Schiffes und nach Beseitigung von Gerüchen, bei Maschinen- und Kesselräumen die Notwendigkeit der Abführung der Wärme und der Zuführung von Verbrennungsluft, bei Kohlenbunkern und Kohlenladungen Sicherheitsmaßnahmen zur Verhütung von Explosionen, die Art, Ausführung, Umfang und Bedienung der Lüftungseinrichtungen bestimmen.

Man unterscheidet grundsätzlich zwei Arten der Lüftung, nämlich die natürliche und die künstliche Lüftung.

Die natürliche Lüftung.

Die natürliche Lüftung wird im allgemeinen durch Lüfterrohre bewirkt, die durch aufgesetzte Köpfe von genormten Formen und Größen zu Druck- oder Saugrohren gemacht werden. Die zur Bewegung der Luft erforderliche Energie wird dem Fahrtwind des Schiffes und dem natürlichen Wind entnommen. Um jeweils die größtmögliche Lüftungswirkung zu erhalten, sind die Lüfterköpfe daher drehbar angeordnet; außerdem müssen sie abnehmbar sein, um bei schlechtem Wetter die Rohre verschließen und das Eindringen von Wasser in die Räume verhindern zu können.

An Deck eines Schiffes sind fast immer ausgesprochene Druckzonen und Saugzonen vorhanden. Druckzonen kann man z. B. an allen Frontschotten von Brücken und sonstigen Aufbauten feststellen, während sich Saugzonen an den achterlichen Abschlußschotten ausbilden. Druckköpfe dürfen sich niemals in Zonen des Sogs, Saugköpfe niemals in Zonen des Drucks befinden, es sei denn, daß sie genügend hoch über die betreffenden Schotte geführt werden; außerdem müssen Saugköpfe so hoch über achterlich von ihnen stehenden Druckköpfen liegen, daß die Abluft der vorderen Räume nicht als Zuluft in die achteren dringen kann.

Grundsätzlich muß zur Erzielung eines guten Luftumlaufs dafür gesorgt werden, daß die Luft, die in einen Raum hineingedrückt wird, einen vorgeschriebenen Weg findet, den Raum wieder zu verlassen, bzw. daß die Luft, die abgesaugt wird, nur aus bestimmten Nebenräumen in den Raum nachströmen kann.

Je nach dem Luftbedarf, der für die einzelnen Raumarten sehr verschieden groß ist, und je nach der Lage der Räume im Schiff, besonders hinsichtlich der Nachbarschaft von Wärmequellen, auch mit Rücksicht auf schlechte oder aufdringliche Gerüche ist die Lüftung dem Umfange und der Anordnung nach einzurichten.

Laderäume erhalten gewöhnlich zwei Druck- und zwei Saugerohre, von denen die Druckrohre in der Regel bis weit hinunter auf den Boden reichen, die Saugrohre dagegen eben unter Deck münden sollen, damit der Luftstrom die ganze Ladung gleichmäßig durchstreichen kann. In die Lüfterrohre eingebaute Eisenkreuze verhindern Einbrüche und Diebstähle, ein gewisser Feuerschutz läßt sich durch geeignete Drahtschutzvorsätze erzielen. In übereinanderliegenden Laderäumen, die mit teleskopartigen Lüfterrohren ausgerüstet sind, darf nur gleichartige Ladung gefahren werden. Die Lüfterköpfe müssen von Deck aus in die wirksame Windrichtung gedreht werden können.

Maschinen- und Kesselräume besitzen nur Druckrohre, die bis in Stehhöhe über die Flurplatten reichen und deren Köpfe von den Räumen aus drehbar eingerichtet sind. Die

Abluft entweicht bei den Maschinenräumen durch das Oberlicht, bei den Kesselräumen durch die Feuerungen und den Schornstein. Der Wellentunnel besitzt einen besonderen Abluftschacht, der gleichzeitig als Notausgang für etwa eingeschlossenes Personal dient und deshalb wasserdicht sein muß.

Wohnräume. Bei genügend hoch über Wasser liegenden Kammern ist die Lüftung durch Drehfenster und Bullaugen mit ausschiebbaren Windfängern meist genügend. In unteren Decks, deren Fenster durch den Seegang bespült werden können, tut das Utleyfenster, das im Innern mit Schwimmern versehen ist, so daß kein Wasser eindringen kann, gute Dienste. Soweit diese Lüftung nicht ausreicht, müssen Lüfterrohre angeordnet werden, die in die Gänge zwischen den Kammern führen und die Kammern durch Gitter in den Türen und Wänden mit Frischluft versorgen. Die Abluft wird dann durch sog. Kammerlüfter in den Deckhauswänden oder durch Schwanenhälse und Pilzkopflüfter weggeführt. Mannschaftsräume müssen stets den Vorschriften entsprechend mit Lüfterrohren ausgestattet sein.

Küchen, Anrichten und Aborte, sowie sonstige Räume, in denen aufdringliche oder schlechte Gerüche entstehen, sollen immer nur mit Abluft versehen sein, damit in den Räumen ein Unterdruck entsteht und Frischluft aus den benachbarten Räumen eintreten muß. Andernfalls läuft man Gefahr, daß sich die Gerüche im Schiff verbreiten. Aus dem gleichen Grunde sollen insbesondere die Aborte Fenster und Bullaugen erhalten, die entweder fest eingebaut sind oder sich doch wenigstens nur unter Benutzung von Werkzeugen öffnen lassen.

Kohlenbunker und Kohlenladungen dürfen nach den Vorschriften der See-Berufsgenossenschaft nur mit einer Oberflächenlüftung versehen werden, so daß unter keinen Umständen die Luft durch die Kohlen hindurchstreichen kann, weil dadurch die Bildung von explosiblen Gasen vermehrt werden würde. Die Rohre dürfen daher nur eben durch das Deck reichen und nicht bis auf den Boden führen; etwaige in den Masten befindliche Lüftungsöffnungen müssen vor Einnahme der Kohlenladung sorgfältig verschlossen werden. Die Rohre müssen mindestens 60 cm über die Reeling bzw. über die Aufbauten reichen. Das vordere Rohr eines Kohlenraumes muß einen Saugkopf, das achtere einen Druckkopf haben, die beide bei mehr vorlichem Wind in den Wind, bei mehr achterlichem Wind aus dem Wind zu drehen sind.

Die natürliche Lüftung, bei der der Luftwechsel durch den Windanfall und die Druck- und Temperaturunterschiede zwischen Innen- und Außenluft erzielt wird, ist naturgemäß in ihrer Wirkung beschränkt. Sie reicht im allgemeinen für alle Frachtschiffe und Personenschiffe mit geringen Fahrgastzahlen aus. Auf großen Personenschiffen jedoch, die zahlreiche übereinanderliegende Decks mit sehr verschiedenartigen zu lüftenden Räumen haben, kommt die natürliche Lüftung nur für untergeordnete Räume im Oberschiff in Betracht, weil die Durchführung der erforderlichen, sehr starken Lüfterrohre nach unten den für die Unterbringung der Fahrgäste sehr wertvollen Platz beeinträchtigen würde. Auf solchen Schiffen wird daher die große Mehrzahl der Räume künstlich gelüftet, wobei jede gewünschte Wirkung erzielbar ist.

Die künstliche Lüftung.

Hierbei wird der Luftwechsel durch die motorische Arbeit von Gebläsemaschinen erzielt. An die Druck- bzw. Saugeöffnungen der Lüfter schließen sich Hauptkanäle, die sich wie Adernetze in die Schiffsräume verzweigen. Das Gesamtkanalnetz ist bei großen

Schiffen mehrere Kilometer lang und die stündlich zu bewegende Luftmenge beträgt oft 1 Million cbm und mehr, was etwa der Ladung von 65 Eisenbahnwagen zu je 20 t entspricht. Um den Umlauf dieser großen Luftmassen zu bewirken, sind Maschinen in einer Gesamtstärke von mehreren 100 PS erforderlich.

Die Anlagen sind so berechnet, daß jeder Raum die ihm notwendige Luftmenge erhält, wobei je nach Art und Lage des Raumes eine 4- bis 40-, ja 90fache stündliche Lufterneuerung des Rauminhalts zugrunde gelegt ist. Bei laufenden Maschinen kann der Luftwechsel in den einzelnen Räumen durch Drosselklappen und andere Absperrorgane vermindert werden. Vielfach ist mit der Lüftung die Raumheizung verbunden, indem in die Zuluftkanäle Heizeinrichtungen eingebaut sind, so daß dem Raum mit der Frischluft auch gleich sein erforderlicher Wärmebedarf zugeführt wird.

Im allgemeinen sind die Räume entweder nur mit Zuluft oder nur mit Abluft versehen. Nur Zuluft erhalten alle Räume, in denen sich dauernd Menschen aufhalten oder luftverbrauchende bzw. Kühlluft erfordernde Maschinen wie z. B. Dieselmotoren, Dynamos und Elektromotoren aufgestellt sind. Nur Abluft wird für alle Räume mit starken Wärmequellen und Luftverschlechterung vorgesehen. Das Entweichen oder Nachströmen der Luft findet dabei durch Niedergänge und Oberlichter statt. Ist letzteres nicht einwandfrei erreichbar, müssen die Räume an die Zu- und Abluftkanäle angeschlossen sein, wobei man die Abluftmenge gegenüber der Zuluftmenge um etwa 10% verstärkt und so einen Unterdruck hervorruft, damit sich die verbrauchte Luft nicht im Schiff ausbreiten kann.

Kiel (keel) und Kielschwein (keelson).

Abgesehen von veralteten Konstruktionen unterscheidet man im allgemeinen

den Balkenkiel (bar keel oder hanging keel),
Mittelplattenkiel (side-bar keel, vertical plate keel, through-plate keel),
Flachkiel (flat plate keel),
Schutzkiel (horizontal-bar keel, slab keel, rubbing piece),
Tunnelkiel (tunnel keel).

Der Balken-, Stangen- oder massive Kiel lehnt sich unmittelbar an die im Holzschiffbau übliche Konstruktion an. Er besteht aus einzelnen möglichst langen Vierkantstangen, die mittels Hakenlasch miteinander und mit den Steven verbunden werden. Man wendet ihn jetzt im allgemeinen nur noch bei kleineren Fahrzeugen wie Schleppern, Fischdampfern, kleineren Segelschiffen u. dgl. an. Skizze 47.

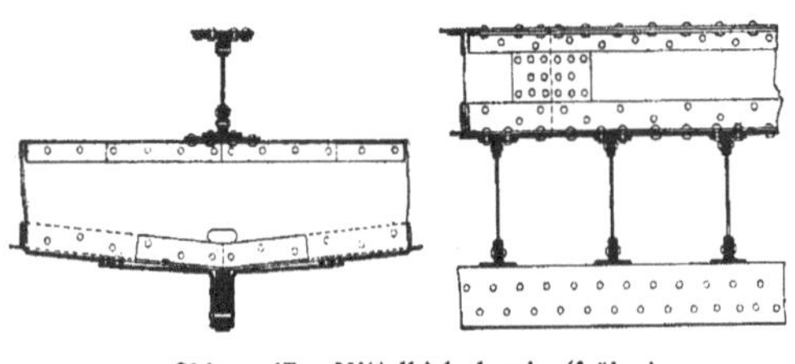

Skizze 47. Mittelkielschwein (früher).

Mängel. Schwächung in den Stoßstellen. — Kein unmittelbarer Zusammenhang mit dem Mittelkielschwein; daher heute vom Germanischen Lloyd bei allen Schiffen mit Kielschwein, also ohne Doppelboden, Zwischenplatten verlangt, die bis auf den Kiel herunterreichen und mit den Bodenwrangen durch Winkel verbunden sind, so daß die Bodenwrangen nicht durchbuckeln können. — Skizze 48. Die oft beschränkte Wassertiefe wird nicht genügend durch Schiffsraum ausgenützt.

Vorteile. Schutz der Kielplatten bei Grundberührung. — Dämpfung der Schlingerbewegungen. — Verminderung der seitlichen Abtrift.

Mittelplattenkiel. Er setzt sich zusammen aus einer durchlaufenden Mittelkielplatte, die von Unterkante Kiel bis Oberkante Bodenwrange oder wie meistens bis Oberkante Kielschwein reicht, und zwei seitlichen Kielschienen. Letztere ergeben zusammen mit dem unteren Teile der Mittelplatte das für einen massiven Kiel vorgeschriebene Gesamtprofil. Diese Anordnung bietet den Vorteil, daß die Stöße der einzelnen

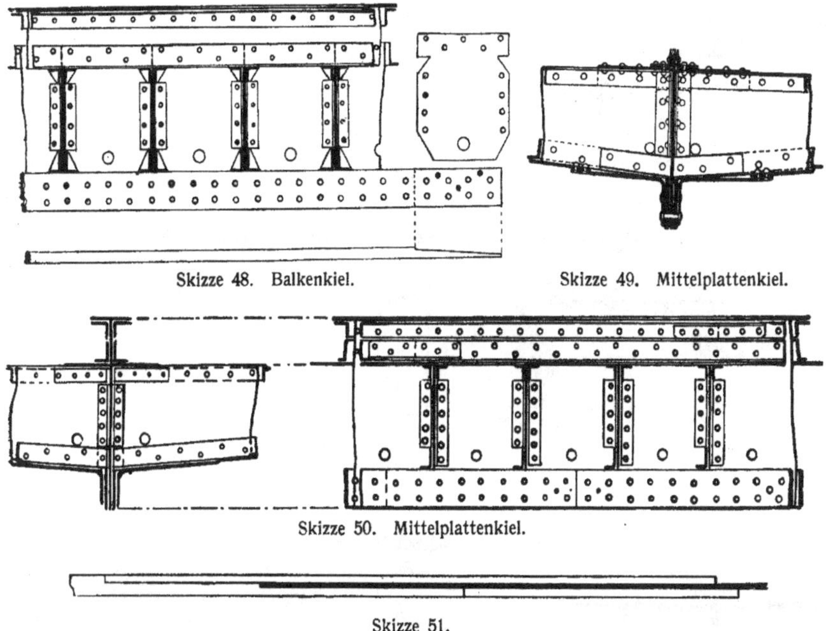

Skizze 48. Balkenkiel.

Skizze 49. Mittelplattenkiel.

Skizze 50. Mittelplattenkiel.

Skizze 51.

Teile gut verschießen können und den noch weit größeren Vorteil, daß der Kiel in unmittelbare Verbindung mit dem Mittelkielschwein gebracht ist, so daß das Schiff einen außerordentlich kräftigen Längsträger gewissermaßen als Rückgrat erhält (Segelschiffe). Daneben bleibt der Vorteil des Balkenkiels bestehen: Dämpfung der Schlingerbewegungen, Verminderung der Abtrift. Verbindung mit dem Steven durch doppeltes Hakenlasch. Skizze 49, 50, 51. Die durch die durchlaufende Mittelkielplatte unterbrochenen Bodenwrangen werden mittels doppelter Winkel auf jeder Seite unter sich und mit der Mittelkielplatte verbunden. Skizze 49 u. 50.

Flachkiel. Zu dieser Konstruktion ist man hauptsächlich aus Rücksicht auf die zur Verfügung stehende Wassertiefe übergegangen, da diese bei Anwendung eines Flachkieles mit größerem Schiffsraum ausgenützt werden kann; daher findet man ihn fast regelmäßig bei Flußschiffen. Ferner bietet der Flachkiel beim Docken eine breite Auflagefläche, was besonders bei schweren Schiffen günstig ist. Die allgemeine Einführung des Flachkieles erfolgte bei Seeschiffen fast gleichzeitig mit der Einführung des Doppelbodens (Great Eastern). Bei einem Schiffe mit Flachkiel ist immer eine bis auf den Flachkiel

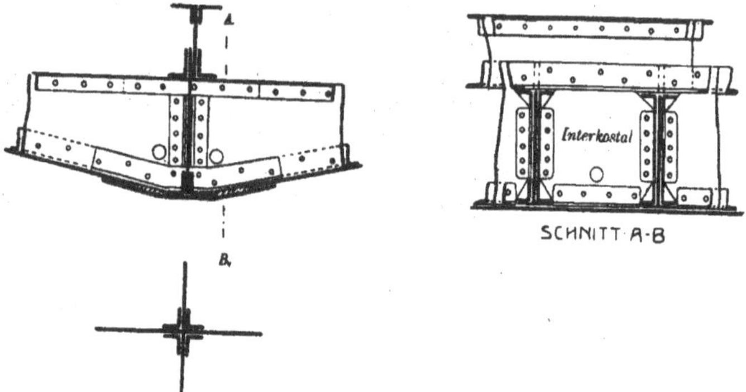

Skizze 52. Flachkiel.

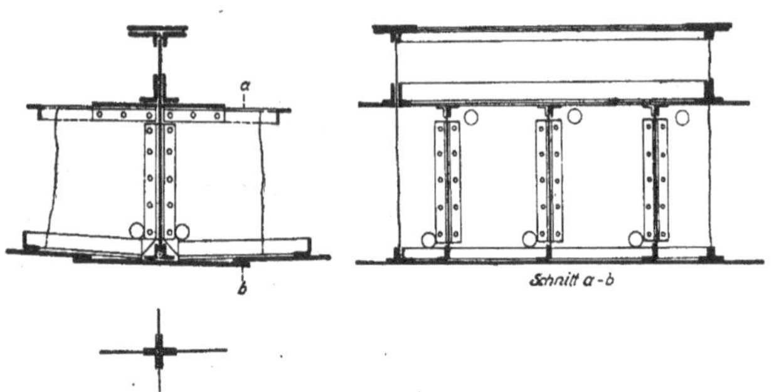

Skizze 53. Mittelkielschwein.

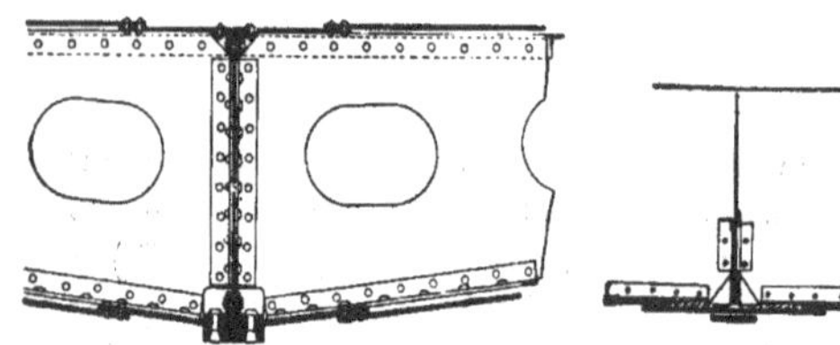

Skizze 54. Schutzkiel.

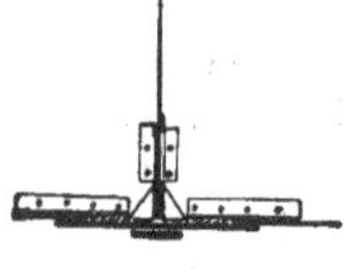

Skizze 55. Schutzkiel.

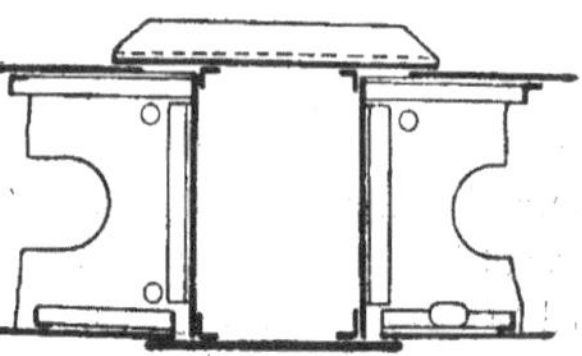

Skizze 56. Tunnelkiel.

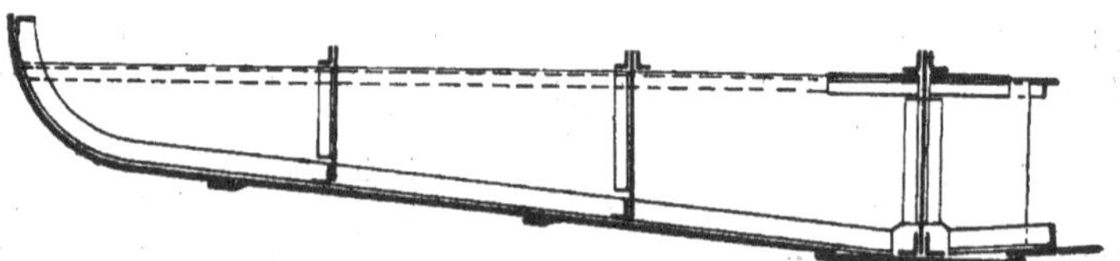

Skizze 57. Seitenkielschweine.

herabreichende vertikale Mittelkielplatte erforderlich, die entweder interkostal oder durchlaufend angeordnet ist. Die interkostale Mittelkielplatte ist durch doppelte von Spant zu Spant reichende Längswinkel mit dem Flachkiel verbunden, Spant- und Gegenspantlaschen laufen durch. Mit den Bodenwrangen sind die Interkostalplatten durch doppelte vertikale Winkel verbunden. Bauart für Flußschiffe, Leichter u. dgl. Skizze 52.

Bei durchlaufender Mittelkielplatte ist diese mit dem Flachkiel durch zwei durchlaufende Winkel verbunden. Keine Laschen für die Spantwinkel. Die durchschnittenen Bodenstücke werden durch vertikale Winkel mit der Mittelkielplatte verbunden. Skizze 53.

Der Schutz- oder Scheuerkiel wird vielfach unter dem Flachkiel angebracht, um diesen bei Grundberührungen zu schützen. Seine Breite entspricht gewöhnlich der Summe der beiden unteren Winkelschenkel an der Mittelkielplatte, seine Dicke beträgt etwa 50—75 mm. Bisweilen begnügt man sich mit einem einfachen Flacheisenstreifen. Skizze 54 und 55.

Der Tunnelkiel soll als Rohrtunnel zur Aufnahme der Rohrleitungen für den vor dem Maschinenraum liegenden Teil des Schiffes dienen, so daß die Rohrleitungen immer vom Maschinenraum aus zugänglich sind (Mannloch im Maschinenraum). Skizze 56.

Seitenkielschwein (side keelson). Der Breite des Schiffes entsprechend werden bei Schiffen ohne Doppelboden außer dem Mittelkielschwein (centre keelson) noch ein oder zwei Seitenkielschweine angeordnet, die aus zwei auf Oberkante Bodenwrangen entlang laufenden Winkeln und Zwischenplatten bestehen. Letztere reichen bis zur Außenhaut herunter und sind mit dieser durch kurze Winkelstücke verbunden. Sie dienen gleichzeitig als Schlagwasserplatten. Skizze 57.

Doppelboden (double bottom).

Er wurde ursprünglich lediglich zur bequemen Unterbringung von Wasserballast angeordnet. Abgesehen von dem veralteten McIntyre-System unterscheidet man in der Hauptsache zwei Bauarten.

1. Längsspanten- oder Stützplattensystem

(bracket system); zum ersten Male beim „Great Eastern" angewendet. Die Seitenträger, Längsspanten, laufen ununterbrochen durch, die Bodenwrangen sind in einzelnen Teilen, ursprünglich in Form von dreieckigen Stützplatten (brackets) zwischen die Längsspanten gesetzt. Die Randplatte (margin plate), welche zweckmäßig senkrecht auf der Außenhaut steht, ist durch einen durchlaufenden Winkel gegen die Außenhaut abgedichtet. Das Spant muß also hier durchschnitten werden und wird durch die Kimmstützplatte (frame bracket) an der Randplatte befestigt. Skizze 58. Diese Bauart wird im Handelsschiffbau seltener angewendet, dagegen in mancherlei Abarten fast durchweg im Kriegsschiffbau.

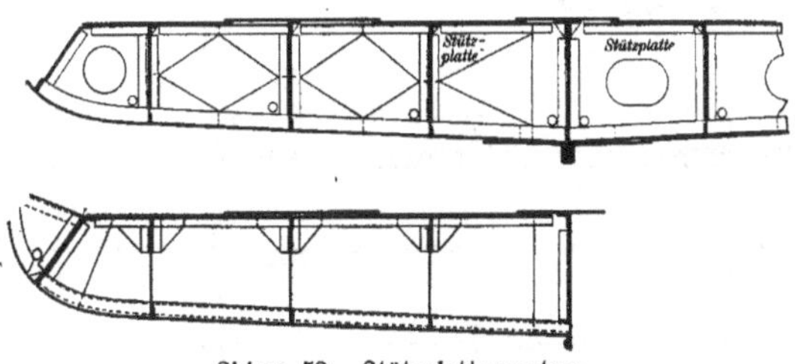

Skizze 58. Stützplattensystem.

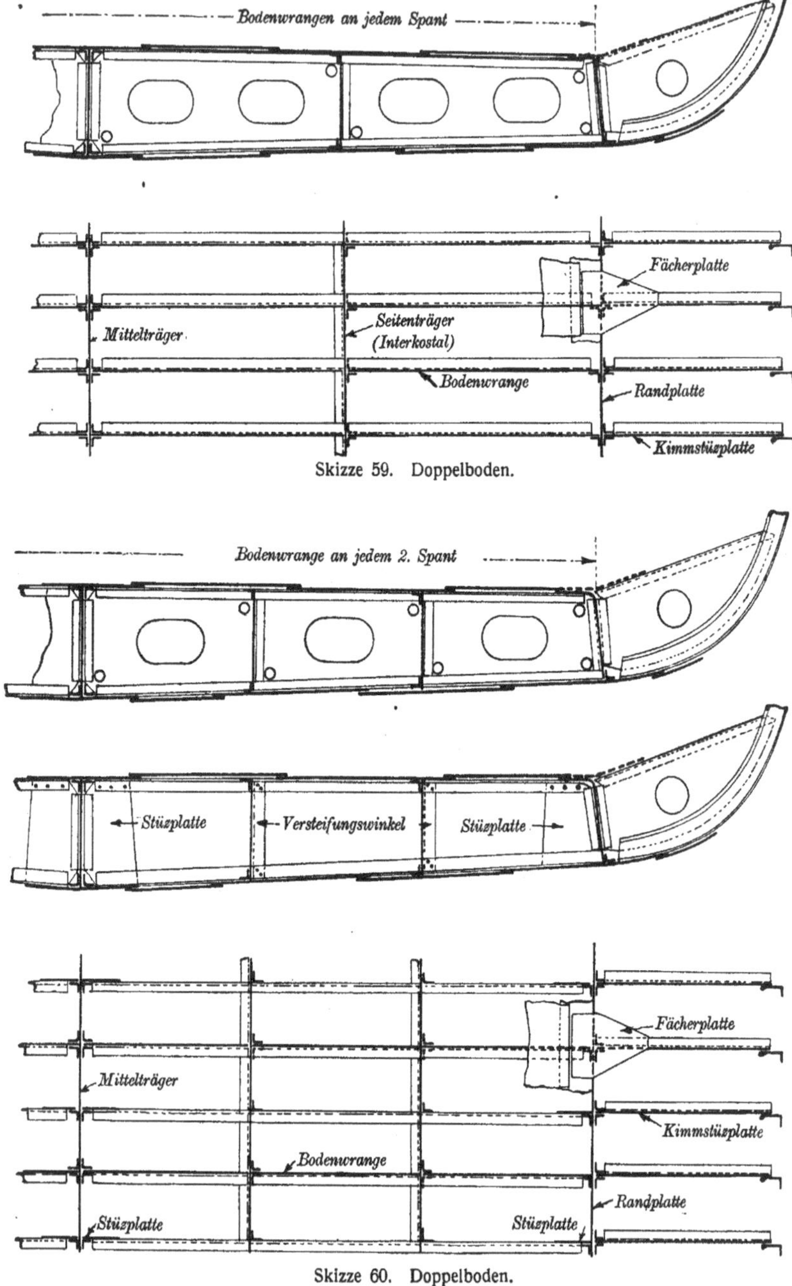

Skizze 59. Doppelboden.

Skizze 60. Doppelboden.

2. Zellensystem oder System mit hohen Bodenwrangen.

Diese Bauart ist die im Handelsschiffbau fast übliche geworden. Auf jedem Spant volle Bodenwrangen von der Höhe des Doppelbodens, die vom durchlaufenden Mittelträger bis zur Randplatte reichen und mit Mannlöchern und Wasserläufen versehen sind. Mit der Tankdecke werden die Bodenstücke durch einen durchlaufenden Winkel verbunden, die Unterkante ist am Spantwinkel befestigt. Die seitlichen Längsträger sind interkostal zwischen die Bodenwrangen gesetzt und erhalten ebenfalls Mannlöcher und Wasserläufe. Skizze 59. Der Mittelträger ist dagegen auf etwa $^{3}/_{4}$ seiner Länge wasserdicht anzuordnen; er erhält erst an den Enden Mannlöcher und Wasserläufe.

Bei sehr breiten Doppelböden, für welche auf jeder Seite zwischen Mittelträger und Randplatte drei Seitenträger erforderlich werden, läßt man bisweilen den mittleren dieser drei Seitenträger als Längsspant ununterbrochen durchlaufen, teilt also an dieser Stelle die Bodenwrange.

Aus dieser Konstruktion hat sich das sog. System mit offenen Bodenwrangen, das open floor-System, entwickelt, bei welchem entsprechend der Größe des Schiffes und seinem Verwendungszweck nur jedes 2., 3. oder 4. Spant volle Bodenwrangen erhält. Skizze 60. Volle Bodenwrangen werden im übrigen allgemein im Maschinenraum, unter den Kesselträgern, unter den schweren Deckstützen und Querschotten und auf $^{1}/_{4}$ bis $^{1}/_{5}$ L vom Vorsteven an jedem Spant angeordnet. Zwischen den Bodenwrangen werden an jedem Spant an der Außenhaut und am Innenboden Spanten und Gegenspanten in Verbindung mit Stützblechen am Mittelträger und an der Randplatte angebracht. An den Seitenträgern werden auf jedem Spant Stützwinkel vorgesehen.

3. Allgemeines.

Der Doppelboden beginnt gewöhnlich einige Spantentfernungen vor dem hinteren Stopfbüchsenschott und verläuft ununterbrochen bis zum vorderen Kollisionsschott. Bisweilen zieht man die Tankdecke im Maschinenraum etwas höher, um die Maschinengrundplatte unmittelbar auf der Tankdecke zu befestigen unter Umgehung eines besonderen Maschinenfundamentes. Skizze 61.

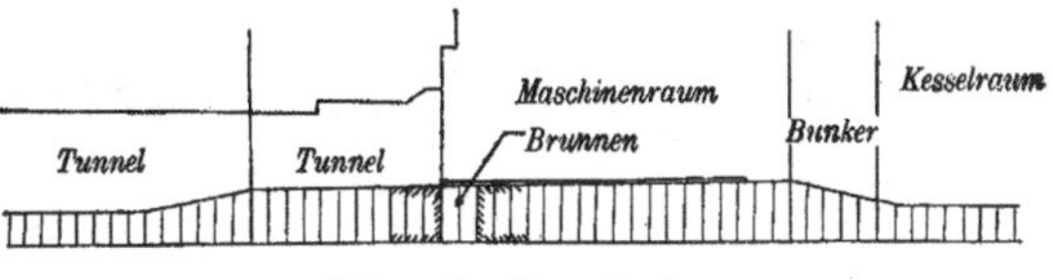

Skizze 61. Doppelboden.

Der Doppelboden wird der Länge nach durch wasserdichte Bodenwrangen in eine Anzahl von Abteilungen, Zellen, zerlegt, die zur Aufnahme von Ballastwasser, Frischwasser, Heizöl und als Trimtanks und zum Ausgleichen von Schlagseiten dienen. Skizze 62.

Im hinteren Teile des Maschinenraumes wird gewöhnlich ein kurzer Brunnen, Pumpsood oder Zisterne, angeordnet, in dem sich das Bilgewasser des Maschinen-

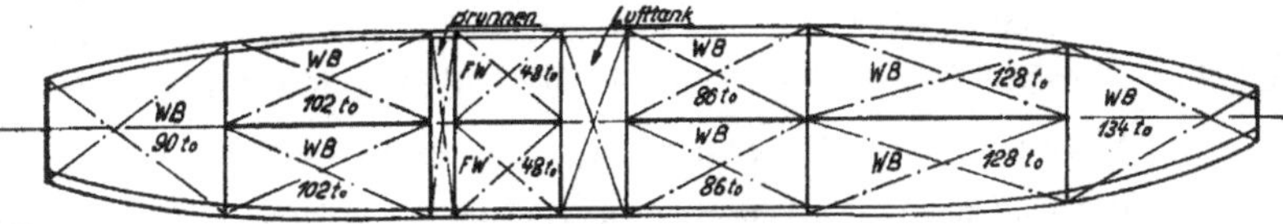

Skizze 62. Doppelboden.

raumes ansammelt. Rückschlagventil in der Randplatte. Skizze 63. Unter den Kesseln zweckmäßig Lufttanks. Zellen nicht zu groß, da bei teilweise gefüllten Zellen die Stabilität beträchtlich herabgemindert wird und Schlagwasser den Verbänden schädlich werden könnte.

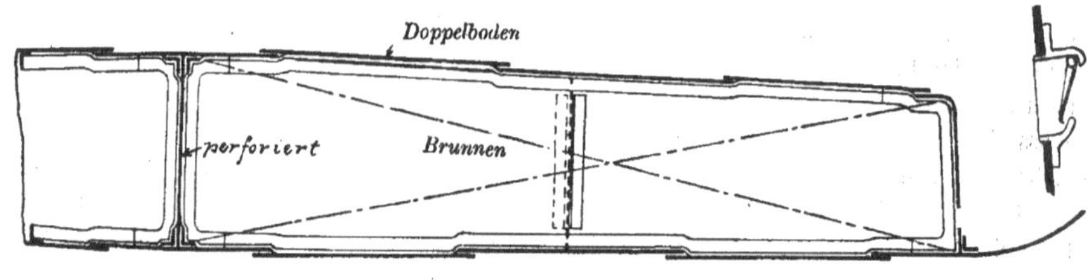

Skizze 63.

Jede Abteilung des Doppelbodens sollte mindestens zwei Mannlöcher (manholes) erhalten. — Mindestmaß 250×350 mm —, deren Verschlußvorrichtung gegen Verletzen beim Löschen und Laden geschützt sein muß. Skizze 64 bis 67. Im Kessel- und Maschinenraum niedriges Süll um das Mannloch.

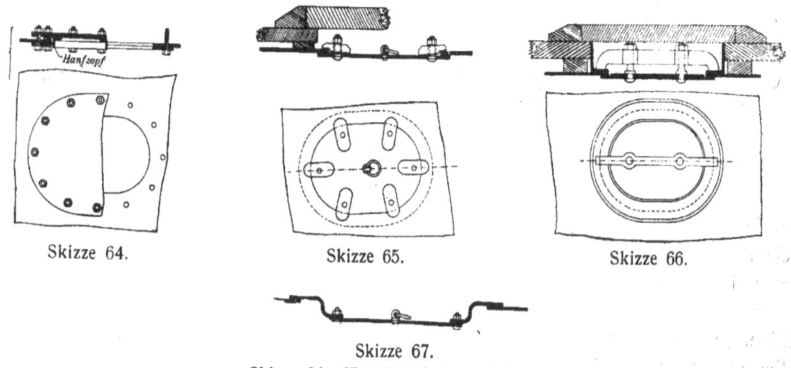

Skizze 64. Skizze 65. Skizze 66.

Skizze 67.

Skizze 64—67. Mannlochverschlüsse.

Schiffe mit Doppelboden erhalten getrennte Lenzrohrleitungen (ballast suction) für jede Schiffsseite, mit denen das Wasser unmittelbar aus jeder Abteilung entfernt werden kann.

Jede Abteilung erhält im hinteren Teile ein Peilrohr (sounding pipe) — kleine Schutzplatte auf der Außenhaut unter dem Rohr — und am besten in jeder Ecke des Tanks ein Luftrohr (Air pipe). Letztere enden gewöhnlich über Deck in einem Schwanenhalse (goose neck). Damit die Luft beim Fluten der Abteilung möglichst restlos entweichen kann, sind unmittelbar unter der Tankdecke beim Bau der Bodenwrangen usw. Luftlöcher zu lassen, durch welche die Luft nach den Luftrohren abstreichen kann.

4. Anderweitige Unterbringung von Wasserballast.

Da der Doppelboden, ob partiell oder durchlaufend, im allgemeinen nicht die gesamte für eine Ballastreise erforderliche Wassermenge aufnehmen kann — erforderlich sind etwa 40 % der Ladung —, benutzt man häufig noch andere Räume für Wasserballastzwecke. Dazu kommt, daß, wenn der gesamte benötigte Ballast im Doppelboden untergebracht wäre, die metazentrische Höhe zu groß, das Schiff also in der Ballastfahrt zu steif sein würde. Daher bringt man den Restballast gern in höher gelegenen Räumen unter.

1. Hohe Tanks (deep tanks); sie sind gewöhnlich vor dem Kesselraum und hinter dem Maschinenraum angeordnet, reichen bis zum untersten Deck und können auch für nicht leicht verderbliche Ladung benutzt werden.

Bei einigen großen Segelschiffen ist außer einem Doppelboden noch ein mittlerer Ballasttank (midship deep tank) angeordnet, der etwa soviel faßt wie der Doppelboden und auch als Laderaum benutzt werden kann.

2. Zwischendecktanks ('tween deck tanks); w. d. abgeschottete Räume im Zwischendeck vor und hinter dem Maschinenraum, die sonst sehr gut für jede Art Ladung benutzt werden können, da sie sich gut lüften lassen.

3. Seitentanks (side tanks), bisweilen bei breiten, flachgehenden Schiffen etwa wie Längsbunker angeordnet. Gedämpfte Schlingerbewegungen infolge der Vergrößerung des Massenträgheitsmomentes.

4. McGlashans Patent. Skizze 68. Doppelboden an der Seite hochgezogen (Great Eastern). Seitlicher Schutz bei Kollisionen, keine Schwitzwasserbildung.

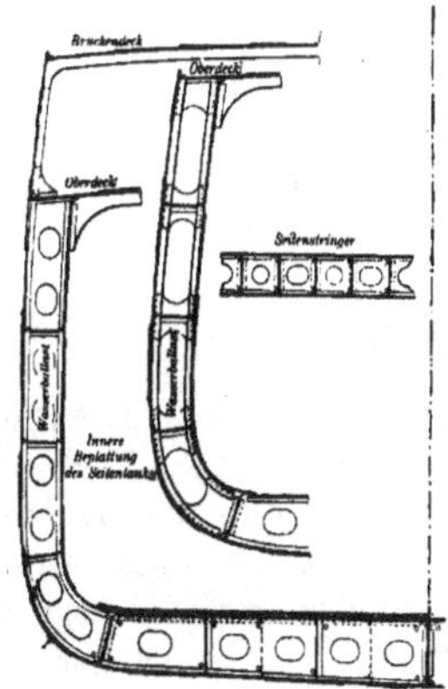

Skizze 68. McGlashans Patent.

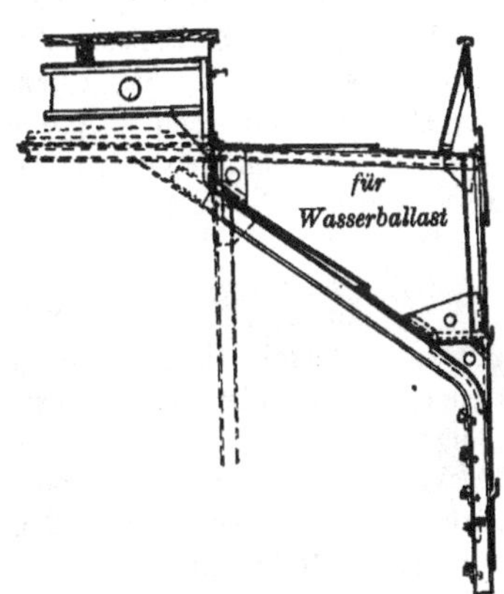

Skizze 69. Selbsttrimmer.

5. Bei Schiffen mit Selbsttrimluken und ähnlichen hat man vielfach die toten Ecken statt durch Lattenwegerung durch eine w. d. Beplattung abgeschlossen und bringt in den sowieso als Laderaum nicht in Betracht kommenden toten Ecken den Restballast unter. Skizze 69.

6. Bei Kohlendampfern mit großen Luken läßt man die Längssülle zwischen den vorderen und hinteren beiden Luken durchlaufen, beplattet den Raum zwischen Luke I und II bzw. zwischen III und IV und erhält damit zwei Decktanks. Der Mast wird mittelst Kokers durchgeführt; die Ladewinden stehen auf dem Deck der Tanks.

7. Bei einigen Erzdampfern ist der Raum durch zwei Längsschotte so geteilt, daß der mittlere Raum die volle Erzladung aufnehmen kann, die also gewissermaßen „hochkant“ gefahren wird. In den seitlichen Räumen wird der Restballast untergebracht. Gute Stabilitätsverhältnisse sowohl in der Erz- wie in der Ballastfahrt; günstige Vermessung. Skizze 70.

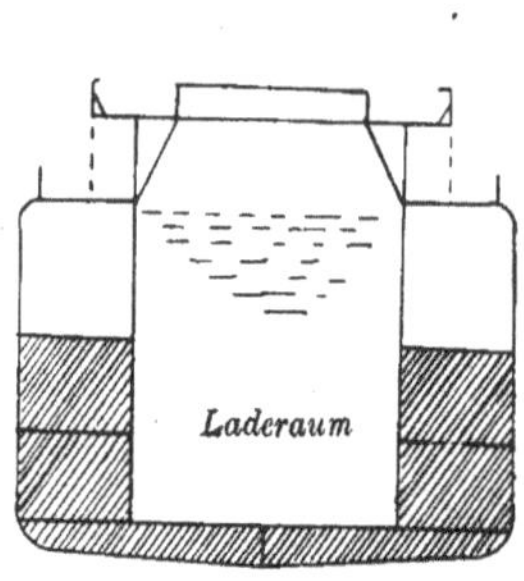

Skizze 70. Erzdampfer.

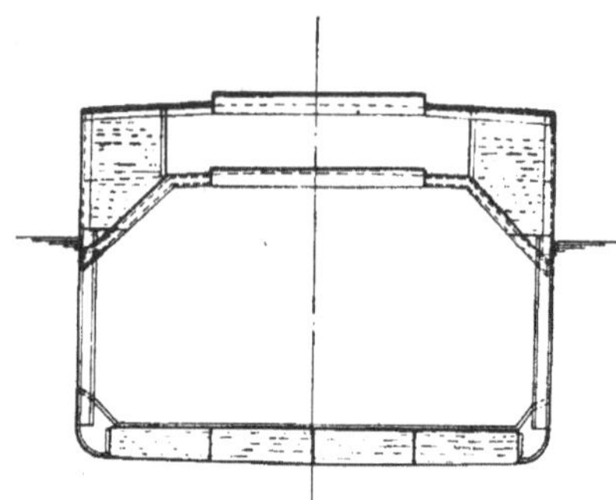

Skizze 71. Patent Doxford.

8. Patent von Doxford & Sons in Sunderland. Vorteil der Selbsttrimmer und Turmdeckschiffe, Restballast hochgelagert. Skizze 71.

9. Nicht als eigentliche Ballasttanks sondern mehr als Trimtanks sind Vor- und Achterpiek (peak tanks) zu betrachten. Bei Benutzung dieser Räume für Ballastzwecke erhält das Schiff leicht unangenehme Seeigenschaften, es stampft schwer und „steuert wild“. Außerdem werden die an sich schon überlasteten Schiffsenden noch weiter in unzweckmäßiger Weise beschwert.

Steven (bow and stern post).

Vorsteven (stem). Er bildet den vorderen Abschluß des Schiffskörpers und hat hauptsächlich die Aufgabe, den Bug des Schiffes auszusteifen und gegen Stöße widerstandsfähig zu machen. Dieser Zweck wird wesentlich durch die Abstützung des Stevens durch Decks, Plattformen und Bugbänder erreicht. Bezüglich der Form des Vorstevens unterscheidet man zwei Haupttypen: den ausfallenden oder überhängenden Segelschiffsteven, der sich im übrigen auch bisweilen bei Dampfern findet (große Dampf- und Motoryachten), und den geraden Dampfersteven, der entweder vertikal oder, wie es neuerdings fast allgemein geschieht, mit einer geringen Ausladung nach vorn angeordnet wird. Skizze 72 und 73.

Bei Dampfern und Motorschiffen läßt man jetzt gewöhnlich den vorderen Teil des Kiels und den Steven in einer Kurve oder im Knick stark auflaufen, „man schneidet das vordere Totholz weg“, Skizze 74; man erreicht damit erhöhte Manövrierfähigkeit, Entlastung des vorderen Schiffsendes, geringere Reibungsoberfläche und bequemere Spantformen. — Eisbrecher —. Vorsicht beim Docken. („Fulda“ 1899.)

Im allgemeinen besteht der Vorsteven aus einem gewalzten Vierkanteisen, dessen Vorkante gewöhnlich abgerundet wird. Bei Schiffen in der Eisfahrt erhält er eine Sponung. Skizze 75.

Größere Steven werden aus zwei, bisweilen sogar aus drei Stücken zusammengesetzt, die entweder zusammengeschweißt oder durch Hakenlasch (scarph) miteinander verbunden sind. Skizze 76.

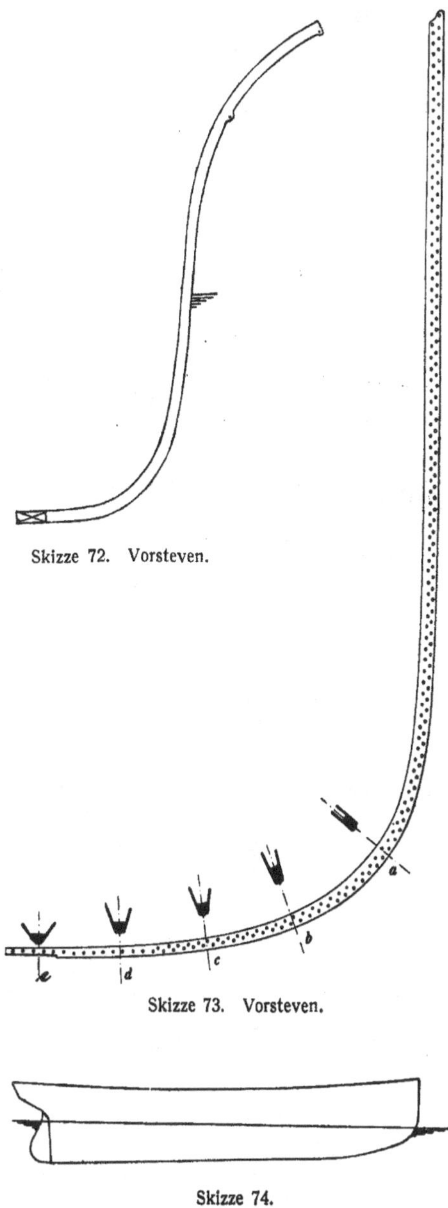

Skizze 72. Vorsteven.

Skizze 73. Vorsteven.

Skizze 74.

Die Verbindung des Stevens mit einem massiven Balkenkiel bzw. Mittelplattenkiel erfolgt durch einfaches bzw. doppeltes Hakenlasch. Skizze 72 u. 51. Komplizierter ist diese Verbindung bei Schiffen mit Flachkiel. Das Übergangsstück vom vertikalen Teil zum Flachkiel, der Vorstevenschuh, wird jetzt meist als Stahlgußstück ausgeführt. Der untere, hintere Teil dieses Stevenschuhes wird von der vordersten Flachkielplatte umschlossen. — Ecken abrunden, Sponung, Rippen. Skizze 76. — Der obere Teil geht in das Walzprofil über. Bisweilen statt des Stahlgußstückes eine Konstruktion aus rechteckigem Walzprofil und zwei kräftigen Winkeln. Neuerdings bisweilen statt des massiven Vorstevens eine Konstruktion aus Platten und Winkeln. — Bei dem Wulstbug der neuen großen Schnelldampfer besteht der Vorsteven aus mehreren Gußstücken.

H i n t e r s t e v e n (stern post). Anordnung und Profil sind bei den verschiedenen Schiffsarten außerordentlich verschieden, da der Hintersteven nicht nur den hinteren Abschluß des Schiffes bildet, sondern auch als Ruderträger und zur Abstützung der Schwanzwelle dienen soll.

Einfachste Form bei Segelschiffen ohne Hilfsmotor. Skizze 77. Schmiedestück aus Walzeisen mit Ösen für die Ruderfingerlinge und Hacke, die das Ruder trägt.

Ähnlich liegen die Verhältnisse beim Hintersteven kleiner Zweischraubenschiffe, bei denen das Ende der Schwanzwelle in Böcken gelagert ist; nur ist hier durch passende

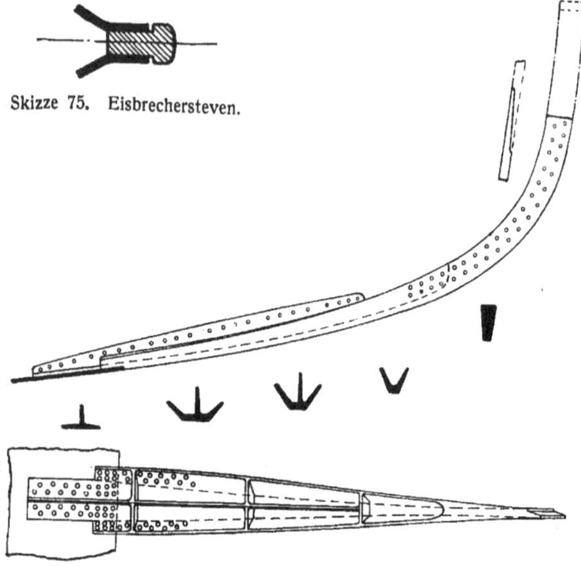

Skizze 75. Eisbrechersteven.

Skizze 76. Vorstevenschuh.

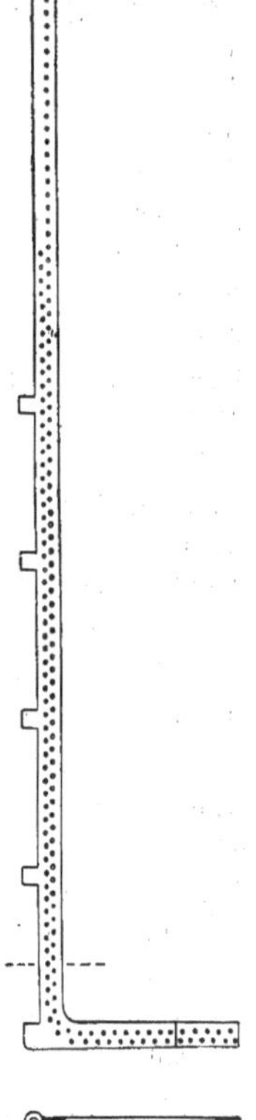

Skizze 77. Hintersteven.

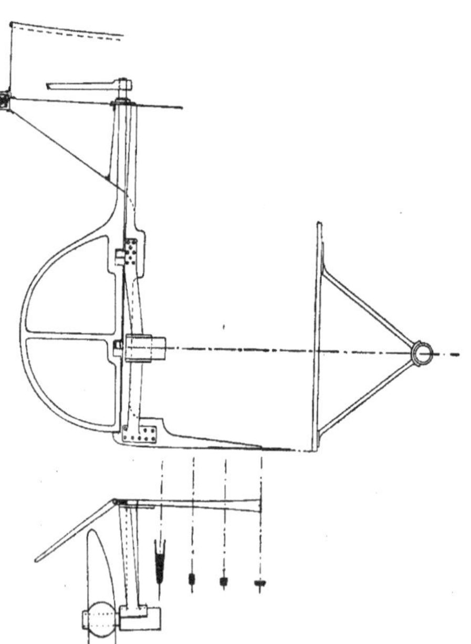

Skizze 78. Wellenbock.

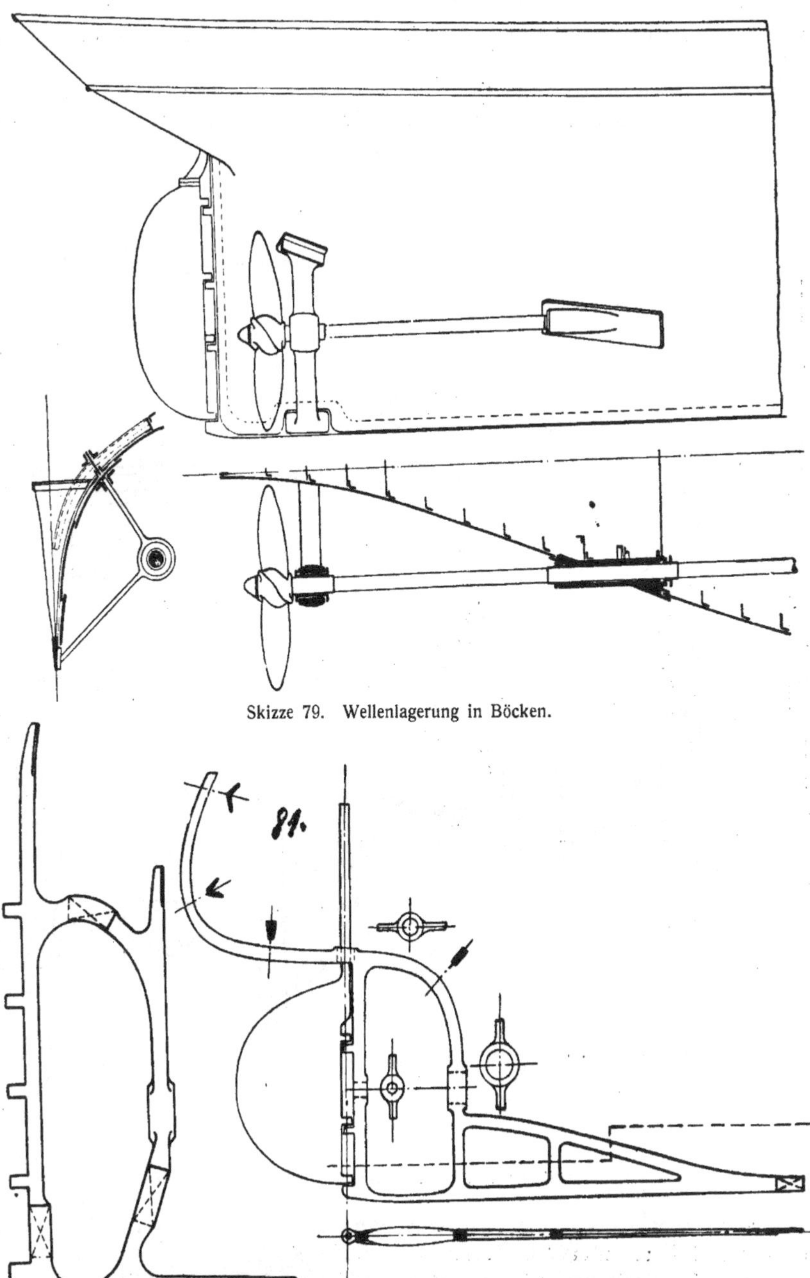

Skizze 79. Wellenlagerung in Böcken.

Skizze 80. Hintersteven für Einschraubenschiff.

Skizze 81. Eisbrechersteven.

Ansätze oder sonstige Konstruktionen für eine solide Befestigung der Bockarme zu sorgen. Skizze 78 und 79.

Rahmensteven (stern frame). Er ist üblich bei Einschraubenschiffen, wird aber häufig auch bei größeren Zweischraubenschiffen angewendet. — Joseph Ressel 1827. —

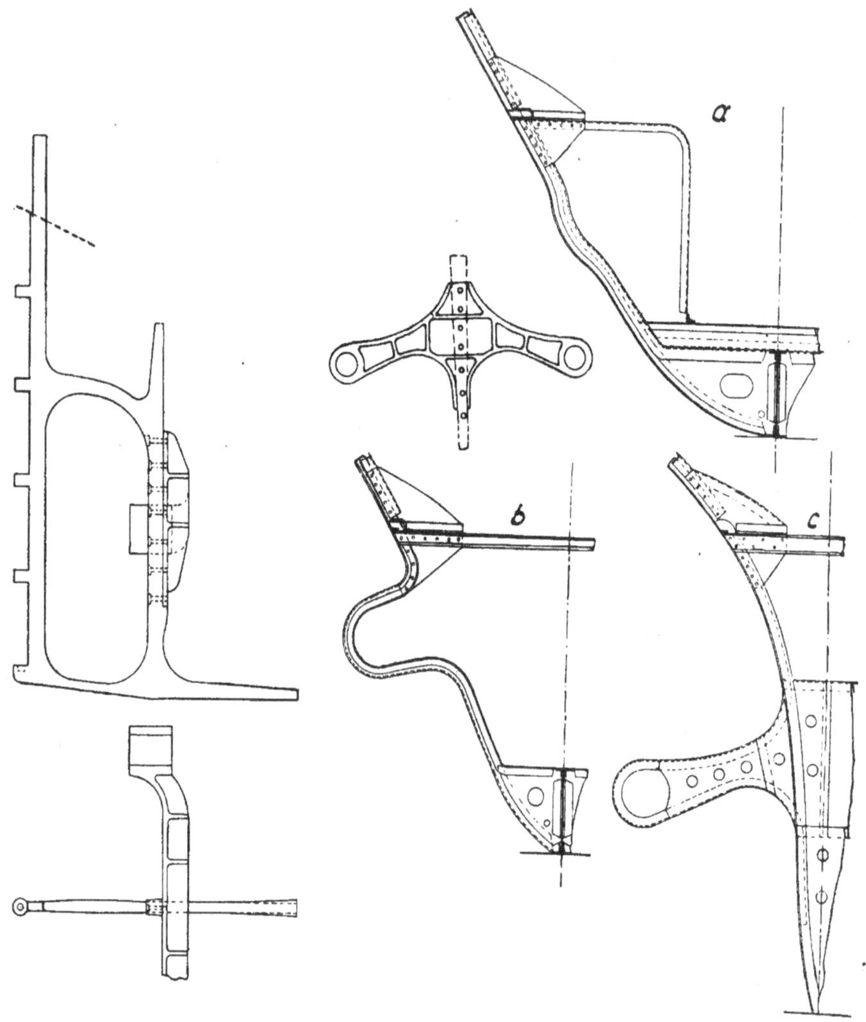

Skizze 82. Hintersteven mit Wellenarmen.

Rudersteven, Schraubensteven mit der Nabe für die Welle, beide oben verbunden durch ein Bogenstück, unten durch die Stevensohle. Skizze 80.

Für kleinere Fahrzeuge wird dieser Steven wohl noch als Schmiedestück hergestellt, für größere fast ausschließlich als Stahlgußstück. Bei letzterer Herstellung umgeht man die nicht immer zuverlässigen Schweißstellen und kann günstigere Querschnittsformen anwenden. — Praktisch aus zwei oder drei Teilen, um Gußspannungen zu vermeiden; außerdem bequemerer Transport und Bearbeitung. Verbindung durch Hakenlasch oder horizontale Flanschen. Einen nach hinten überhängenden Steven (Kreuzerheck) erhalten Eisbrecher, um bei der Rückwärtsfahrt im Eise das Ruder zu schützen. Skizze 81. — In letzter Zeit erhalten auch größere Fracht- und Fahrgastschiffe vielfach ein Kreuzerheck.

Besondere Konstruktionen des Hinterstevens werden erforderlich bei Schiffen mit Star-Contra-Ruder, Oertz- und Simplexruder usw.

Den sog. Schleusenkiel wendet man zwecks Erreichung guter Manövrierfähigkeit gern bei kleineren Fahrzeugen an, die häufig in engen Gewässern wenden müssen: Schlepper, Eisbrecher usw. Skizze 81.

Bei Zweischraubenschiffen (twin-screw steamers) brachte man früher Wellenaustrittsstücke an und lagerte das freie Wellenende in Böcken (propeller shaft stays, struts). Skizze 78 u. 79. Nachteile: ungünstige Festigkeitsverhältnisse, langes Wellenende frei aus dem Schiff, das nur gelegentlich im Dock kontrollierbar und dem Angriff des Wassers ausgesetzt ist, schwierige Befestigung der Böcke, erhöhter Schiffswiderstand durch die Böcke.

Bei den neueren größeren Zweischraubenschiffen ordnet man entweder einen Hintersteven ähnlich dem Rahmensteven eines Einschraubers an und lascht den aus einem Stahlgußstück bestehenden Wellenträger an den vorderen Teil des Stevens an, vgl. Skizze 82,

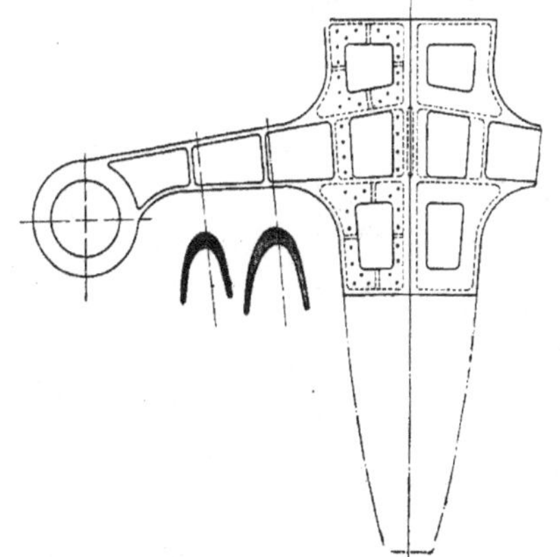

Skizze 83. Wellenträger.

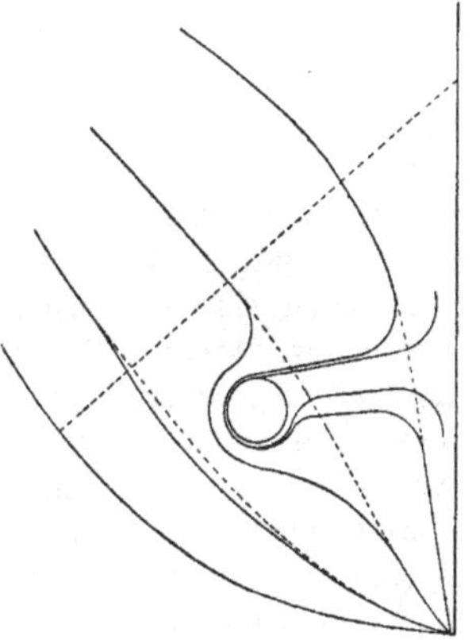

Skizze 84. Wellenflosse.

oder man führt den Wellenträger als selbständige, d. h. nicht mit dem Rudersteven in Zusammenhang stehende Konstruktion aus. Skizze 83.

Die Schwanzwelle liegt dann vollständig in den entsprechenden flossenartigen Ausbuchtungen des Schiffskörpers, welche im übrigen die Stampfbewegungen stark dämpfen. Skizze 82, 83 und 84.

Die Form des eigentlichen Stevens hängt davon ab, ob das Schiff ein gewöhnliches Ruder oder ein Balanceruder bekommt.

Noch eingehender den jeweiligen Verhältnissen anzupassen ist die Anordnung der Steven und Wellenträger bei Drei- und Vierschraubenschiffen.

Ruder (rudder).

Das Ruder hat den Zweck, dem Schiffe eine bestimmte Manövrierfähigkeit zu sichern. Diese hängt außer von der Größe der Ruderfläche, der Geschwindigkeit des Schiffes und dem Ruderwinkel noch von mancherlei anderen Faktoren ab; so von der Länge des Schiffes, seinem Tiefgang, der Trimmlage und der Verteilung der Ladung, von der Form der hinteren Wasserlinien usf.

Die Form des Ruders schwankt dabei sehr. Skizze 85. Auch über die Größe der wirksamen Ruderfläche gibt es keine feststehenden Regeln. Man setzt sie gewöhnlich in ein bestimmtes Verhältnis zum eingetauchten Längsplan und rechnet etwa

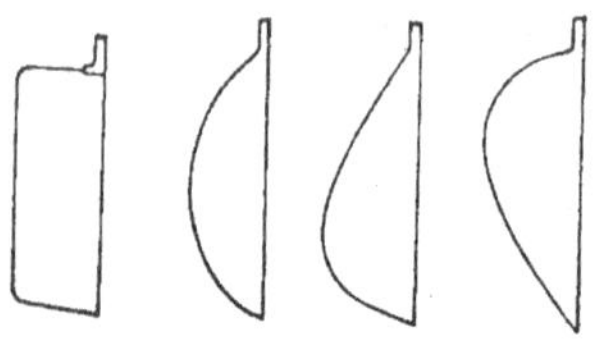

Skizze 85. Ruderformen.

bei großen Schnelldampfern $F \sim {}^1/_{85}\, L \times T$
" Frachtdampfern $F \sim {}^1/_{50}\, L \times T$
" Schleppern u. dgl. $F \sim {}^1/_{30}\, L \times T$
" Kriegsschiffen $F \sim {}^1/_{30}\, L \times T$ und mehr.

Im allgemeinen ist nach Einführung des Dampfsteuerapparates die Ruderfläche im Interesse einer größeren Manövrierfähigkeit vergrößert worden, doch darf man hierin nicht zu weit gehen, da sonst die Stöße, welche das Ruder zu erleiden hat, zu heftig werden und einen Bruch der Spindel oder im Rudergeschirr herbeiführen können. — Suezruder. Skizze 86. Ruder für Kähne. Skizze 87.

Bei der älteren Konstruktion, dem zweiseitig beplatteten Ruder, die nur noch für kleinere Fahrzeuge in Frage kommt, ist Rahmen und Schaft in einem Stück geschmiedet. Der durch Arme ausgesteifte Rahmen erhält auf beiden Seiten eine wasserdicht aufgenietete Beplattung, zwischen die gewöhnlich ein festes, gut eingepaßtes Holzfutter gebracht wird. Bei größeren Rudern dieser Bauart sind auch schon Schaft und Rahmen getrennt hergestellt und beide durch Flanschkupplung (coupling) verbunden. Skizze 88. Bei horizontaler Kupplung Entlastung der Bolzen durch Feder und Nut oder besser Längskeil (key). Skizze 89 u. 90. Heute vielfach vertikale Flanschkupplung oder Hakenlasch. Skizze 91 u. 92. Bei horizontaler Kupplung ist darauf zu achten, daß die Flanschen, wenn nach Lösung der Kupplung Ruderblatt und Schaft in die Hartlagen gebracht sind, frei voneinander gehen. Skizze 93.

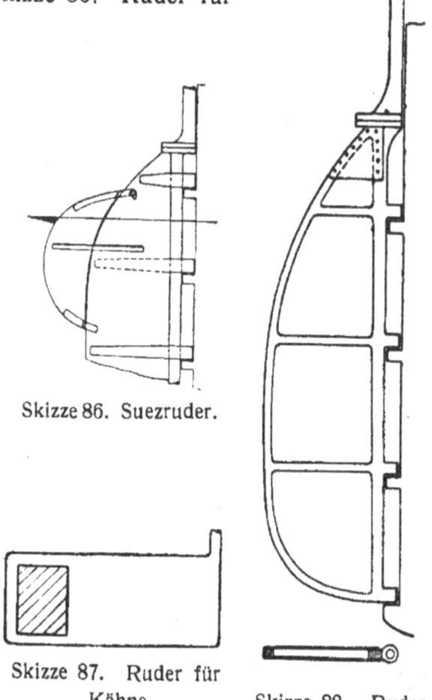

Skizze 86. Suezruder.

Skizze 87. Ruder für Kähne.

Skizze 88. Ruder.

Beim Einblattruder älterer Bauart (single plate rudder) sind an den Ruderpfosten abwechselnd steuerbord und backbord Arme angegossen, zwischen die eine starke Platte geschoben wird. Bessere Konservierung. Skizze 94.

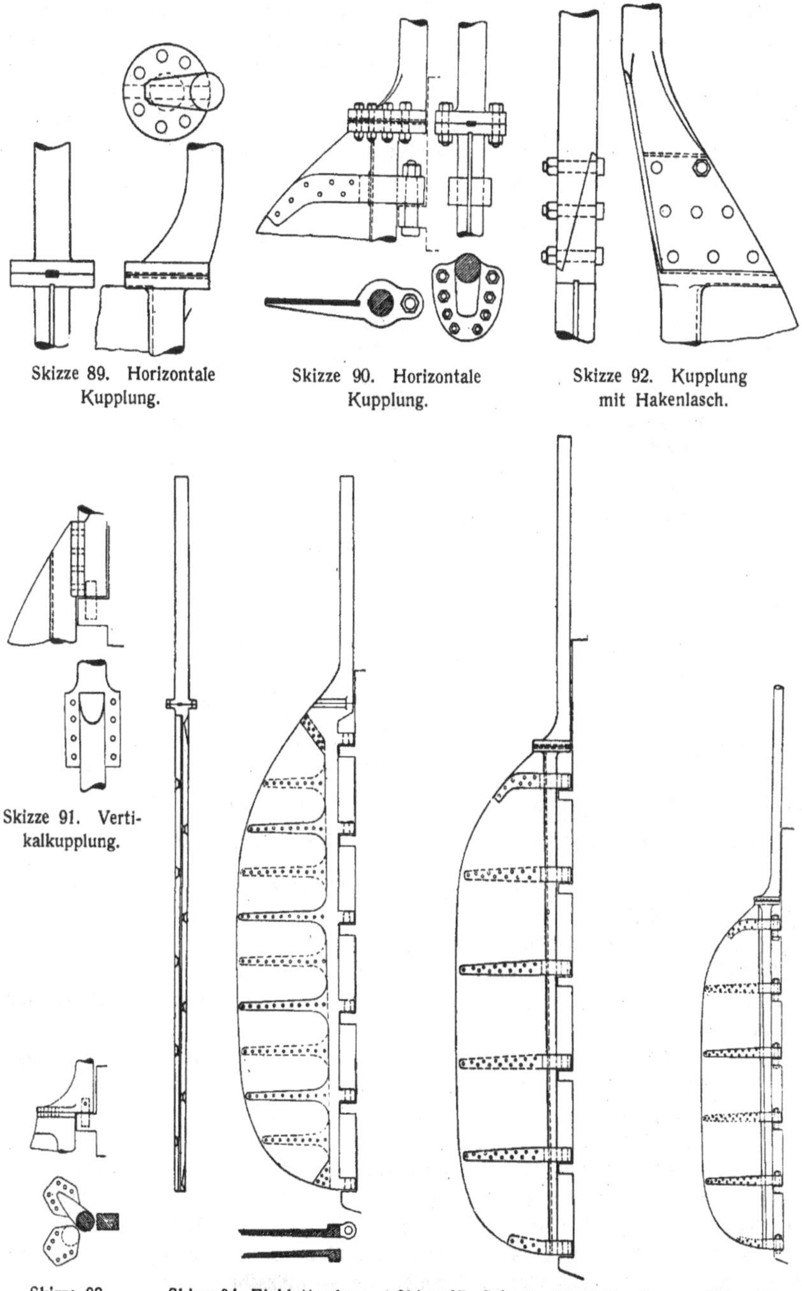

Skizze 89. Horizontale Kupplung.

Skizze 90. Horizontale Kupplung.

Skizze 92. Kupplung mit Hakenlasch.

Skizze 91. Vertikalkupplung.

Skizze 93.

Skizze 94. Einblattruder.

Skizze 95. Gebautes Einblattruder.

Skizze 96.

Um die sperrigen Stahlgußstücke mit ihren eventuellen Fehlern zu vermeiden, ist man im allgemeinen zu dem sog. „gebauten Einblattruder" übergegangen. Auf einen geschmiedeten, sauber abgedrehten Pfosten werden die einzelnen geschmiedeten, zuweilen auch gegossenen Arme aufgeschrumpft und durch Längskeile gesichert. Skizze 95. Vorkante Ruderplatte entweder in eine längs herunterlaufende Nut des Pfostens eingelassen und verstemmt, oder im Abstand von etwa 30 mm vom Pfosten frei laufend. Skizze 95 bzw. 96.

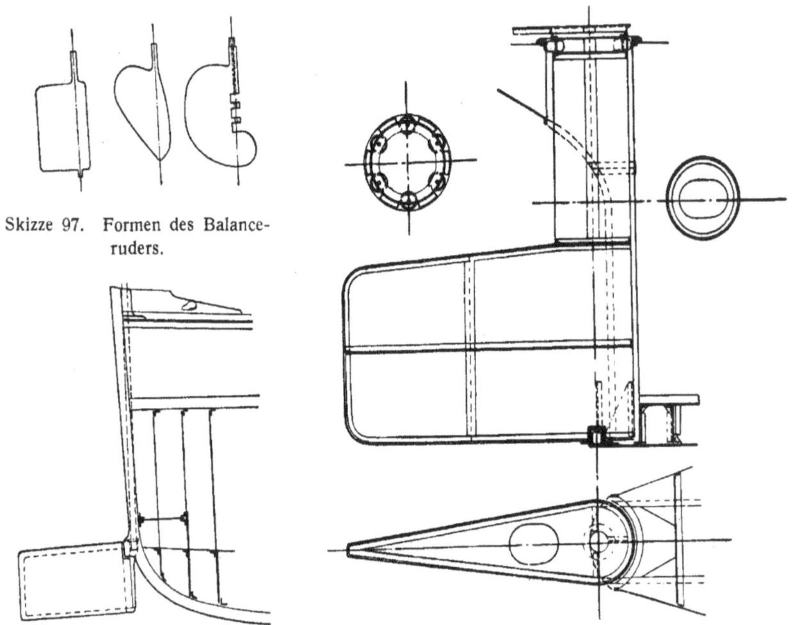

Skizze 97. Formen des Balanceruders.

Skizze 98. Bugruder.

Skizze 99. Deplacementsruder.

Das Balance- oder Schweberuder (balanced rudder) wird angeordnet, um eine möglichst große Ruderfläche mit möglichst geringer Kraft legen zu können. $^1/_4$ bis $^1/_3$ der Gesamtfläche vor der Drehachse (Ruderstabilität). Skizze 97.

Bei Schiffen, die in engen Gewässern häufig über Heck fahren müssen, ordnet man, um ihnen in diesem Falle eine gewisse Manövrierfähigkeit zu sichern, ein Bugruder (auxiliary rudder) an. Skizze 98.

Bei sehr leicht gebauten Fahrzeugen ist der aus Platten und Winkeln zusammengesetzte Hintersteven nicht imstande, ein normales Ruder zu tragen. Man ordnet in diesem Falle gern ein Deplacementsruder an, wie es bei den sog. Stromlinienrudern (Flettner, Oertz, Simplex) wiederkehrt. Skizze 99.

Die Fingerlinge (pintles) dienen zur Führung und stützen den Ruderschaft gegen seitlichen Druck ab. Sie werden im allgemeinen in entsprechende Ösen am Schaft mit Konus eingesetzt und durch eine durch Splint od. dgl. gesicherte Mutter fest angezogen. Bei besseren Ausführungen erhält der Fingerling einen Bronzeüberzug, die Stevenöse eine Pockholz-, Weißmetall- oder Flußstahlbuchse. — Zinkschutz. Skizze 100.

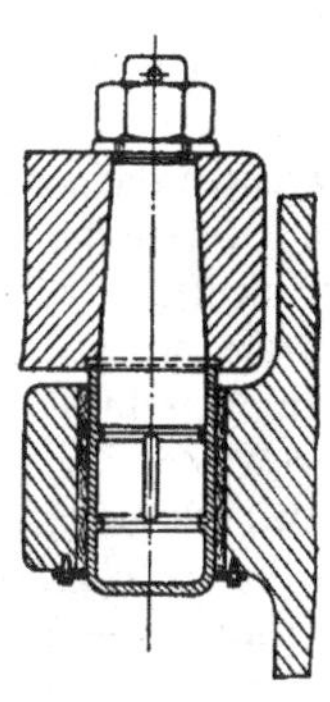

Skizze 100. Fingerling.

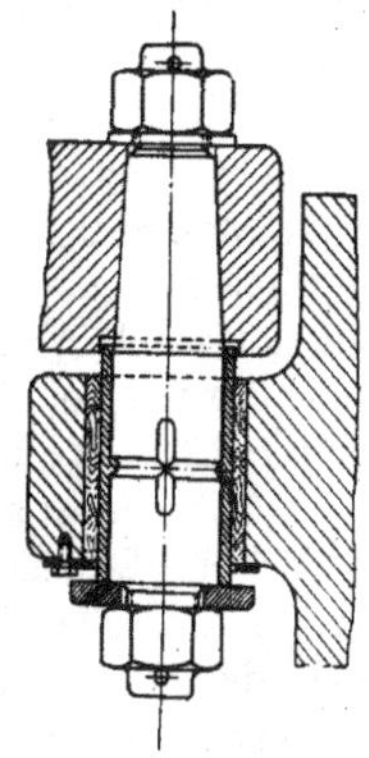

Skizze 101. Oberer Fingerling.

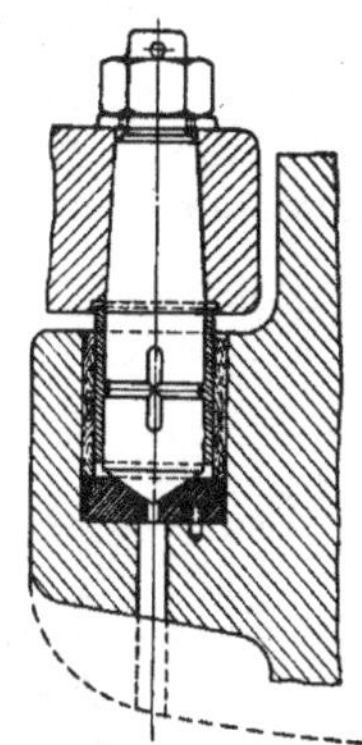

Skizze 102. Unterer Fingerling.

Skizze 103. Ruderkoker.

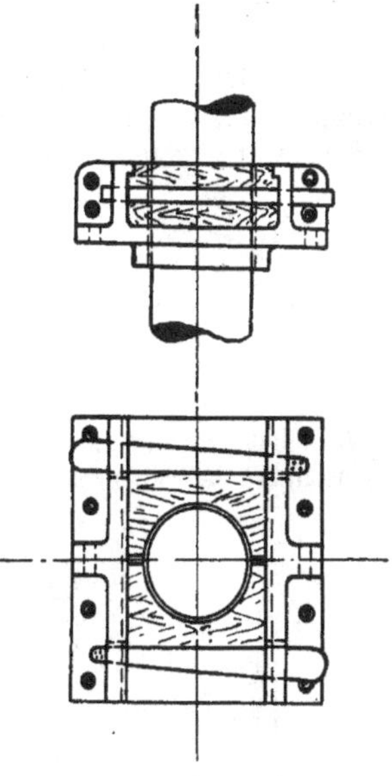

Skizze 104. Stopfbüchse für Ruder.

Bund oder feste Mutter am obersten Fingerling, um ein Ausspringen des Ruders zu verhindern. Skizze 101.

Getragen wird das Ruder im allgemeinen von der Hacke der Stevensohle. Skizze 102 (punktiert). Bisweilen ist bei größeren Rudern noch eine obere Stevenöse und der zugehörige Fingerling zum Tragen eingerichtet. Skizze 102.

Um das Eindringen von Wasser in den Heckraum zu verhindern, bringt man um die Ruderspindel herum den Ruderkoker (rudderkasing, trunk) an. Skizze 103.

Im Deck wird die Ruderspindel durch eine Stopfbüchse (stuffing box) mittels zweier Pockholzbacken abgedichtet. Skizze 104.

Spanten (frames).

Die Spanten bilden gewissermaßen das Rippenwerk des Schiffskörpers und bedingen die Form des letzteren, außerdem stützen sie die Außenhaut gegen den Wasserdruck ab. Aus letzterem Grunde setzt man die Spanten verhältnismäßig eng aneinander, vor allem da, wo der Druck auf die Außenhaut besonders groß wird wie im Bug. — Eisverstärkung.

Bei Schiffen ohne Doppelboden besteht das normale Spant aus dem Spantwinkel (frame angle), dem Gegenspantwinkel (reverse frame) und der Bodenwrange (floor plate). Letztere ist eine von Kimm zu Kimm durchlaufende Platte, an deren Oberkante der Gegenspantwinkel entlang geführt wird; dieser dient zur Aussteifung der Bodenwrangenkante und zur Befestigung der Bodenwegerung. Die Bodenwrangen sind an den Schiffsseiten mit den Spanten durch Kniebleche verbunden. Skizze 105. Ist eine durchlaufende Mittelkielplatte vorhanden, dann besteht die Bodenwrange aus zwei Hälften, die mit doppelten Winkeln an der Mittelkielplatte befestigt werden. — Wasserläufe.

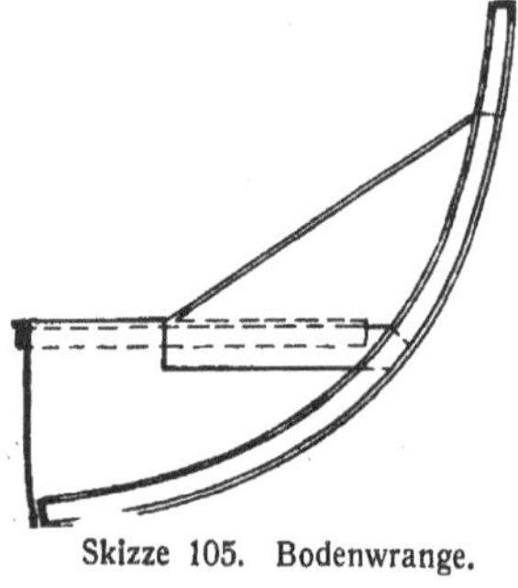

Skizze 105. Bodenwrange.

Da der eine Schenkel des Spantwinkels grundsätzlich in der „Mallebene" liegen soll und am anderen Schenkel die Außenhaut befestigt wird, so muß der Winkel entsprechend dem Verlauf der Wasserlinien „Schmiege" (bevel, bevelling) bekommen, und zwar gibt man im allgemeinen „Offenschmiege" (open bevel), woraus sich eine Anordnung der Spanten ergibt, wie sie Skizze 106 zeigt.

Bei Schiffen mit Doppelboden wird die Spantkonstruktion von der Doppelbodenrandplatte und ihrem Grundwinkel durchschnitten. Der Querverband wird durch die Kimmstützplatten und Fächerplatten wieder hergestellt. Skizze 59 und 60.

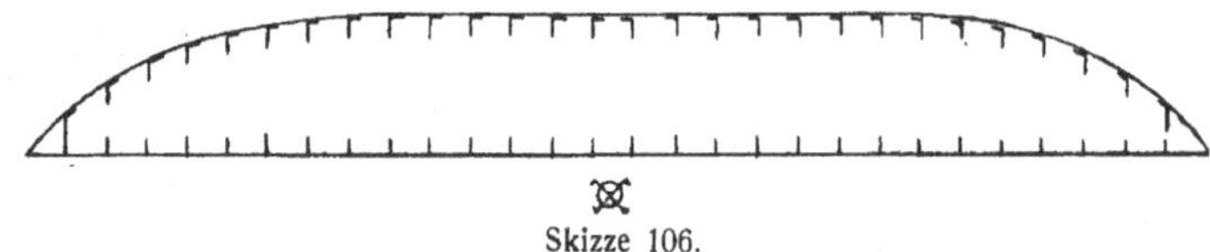

Skizze 106.

Im allgemeinen ist man wenigstens bei größeren Schiffen von dem aus Spant- und Gegenspantwinkel gebauten Profil zu dem sog. Hochspant (deep frame) übergegangen, das aus einem einheitlichen Profil (L C) besteht. Die unter dem untersten Deck liegenden Raumspanten erhalten ein stärkeres Profil als die in den oberen Decks, in denen sich das Profil stufenweise verjüngt. Skizze 107 und 108.

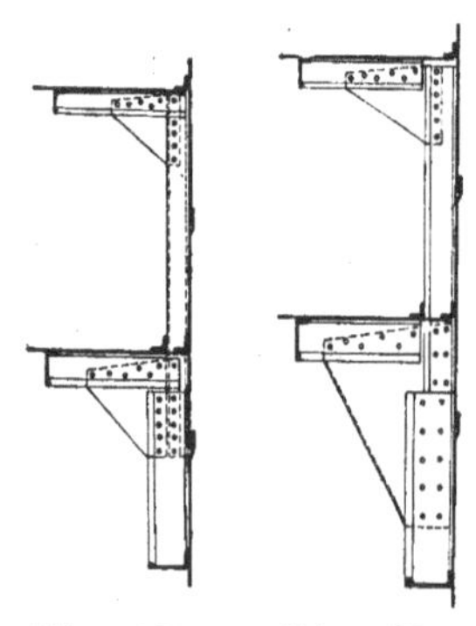

Skizze 107. Skizze 108.

Im Bereich des Kessel- und Maschinenraumes sowie großer Luken werden zur Stärkung des Querverbandes Rahmenspanten angeordnet, die bis zum untersten Deck reichen. Skizze 109.

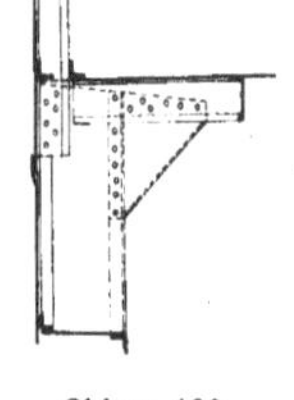

Skizze 109. Rahmenspant.

In den letzten 20 Jahren hat das sog. Längsspanten-System (Isherwood) besonders für Erz- und Tankschiffe, aber auch für Fracht- und Fahrgastschiffe Eingang gefunden. Es geht zurück auf die Bauart des „Great Eastern": nur weitgestellte Rahmenspanten außer den Schotten als Querverband, Längsspanten im Boden, an den Seiten und unter Deck. Skizze 110.

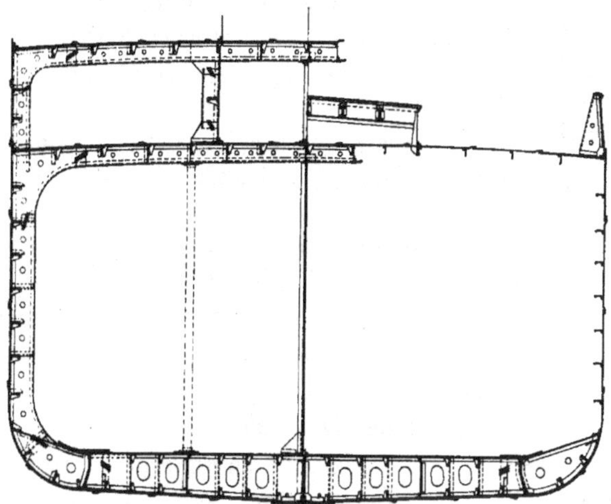

Skizze 110. Längsspantensystem nach Isherwood.

Neben erhöhter Längsfestigkeit bei genügender Querfestigkeit läßt das Längsspantensystem eine wesentliche Gewichtsersparnis gegenüber dem Querspantensystem zu und zwar bis etwa 12 %.

Um die oft lästigen Rahmenspanten im Raum zu vermeiden, ist man vielfach zu dem sog. „Kombinierten System" (Miller-Combination) übergegangen: Längsspanten im Boden und unter Deck, gewöhnliche Querspanten an den Seiten.

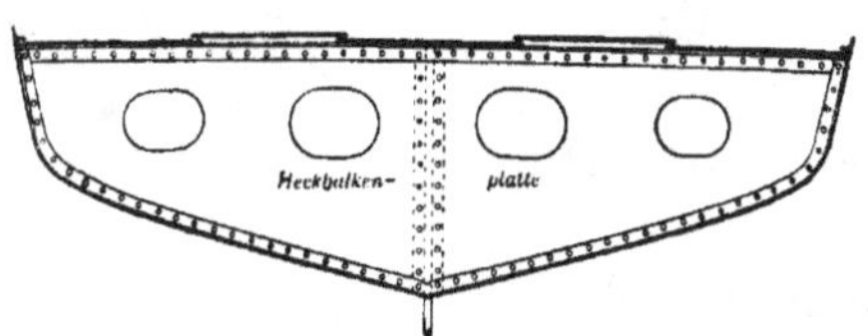

Skizze 111 a. Heckbalkenplatte.

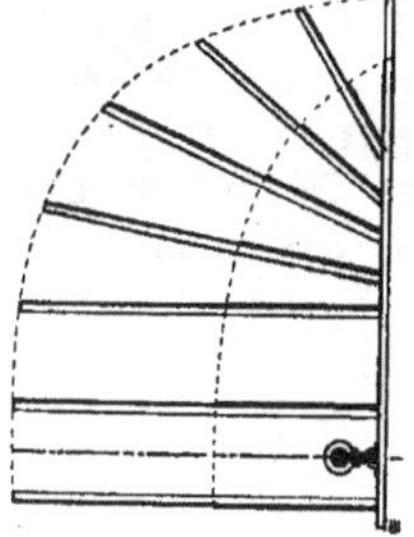

Skizze 111 b. Heckspanten.

Die Heckspanten, welche das Heck aussteifen sollen, werden an der Heckbalkenplatte (transom floor) als Kantspanten (cant oder stern frames) mittels Knieplatten befestigt. Skizze 111 a, b.

Deckbalken (beams).

Die Deckbalken dienen nach heutiger Anschauung im Grunde genommen nur zur Aussteifung des auf ihnen liegenden Decks. Je nach Größe des Schiffes und Art des Decks (ob Holzdeck, Eisendeck, beplanktes Eisendeck) werden sie auf jedem Spant oder auf

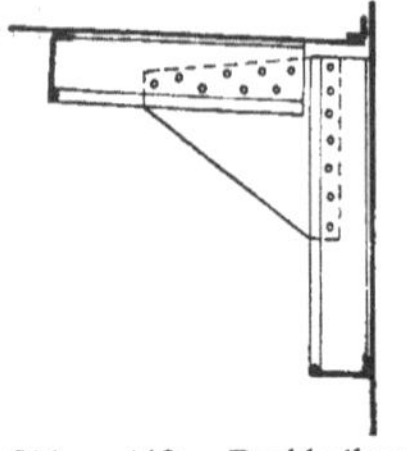
Skizze 112. Deckbalkenknie.

jedem zweiten Spant angeordnet. Profil: ┌ ┌ [. Besonders verstärkt werden die Lukenendbalken und die unter besonders belasteten Stellen des Decks (Winden, Spille usw.) liegenden. Verbindung mit den Spanten durch Kniebleche. Skizze 112.

Im Maschinen- und Kesselraum, wo angängig, schwere Raumbalken.

Die Balken eines freiliegenden Decks erhalten zweckmäßig eine Bucht von $^1/_{50}$ der Balkenlänge. Skizze 113.

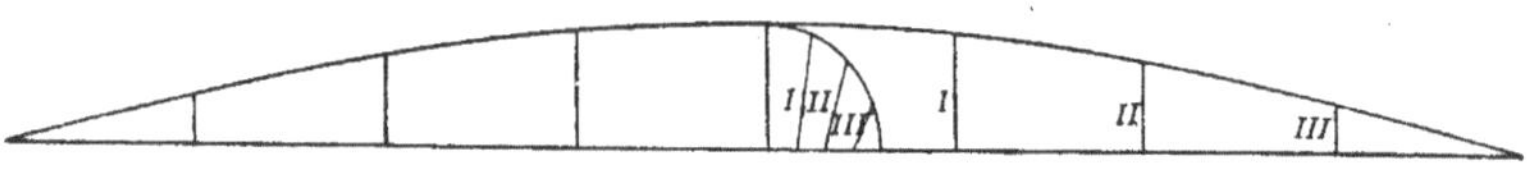
Skizze 113. Balkenbucht.

Deckstützen (pillars).

Massive Rundeisenstützen oder solche aus Mannesmannrohren werden je nach der Breite des Decks in einer oder mehreren Reihen angeordnet. Skizze 114a und b. Im allgemeinen werden diese vielen Stützen heute ersetzt durch einige wenige weitstehende Pfeilerstützen in Verbindung mit Unterzügen. Skizze 115a und b.

Die Bauart dieser Unterzüge zeigt, daß man sie heute im Grunde genommen als Längsaussteifung des Decks, also als Längsspant, nicht aber als eigentliche Abstützung der Deckbalken betrachtet.

Ein genügend versteiftes Schlingerschott gilt als Ersatz für die sonst erforderlichen Stützen.

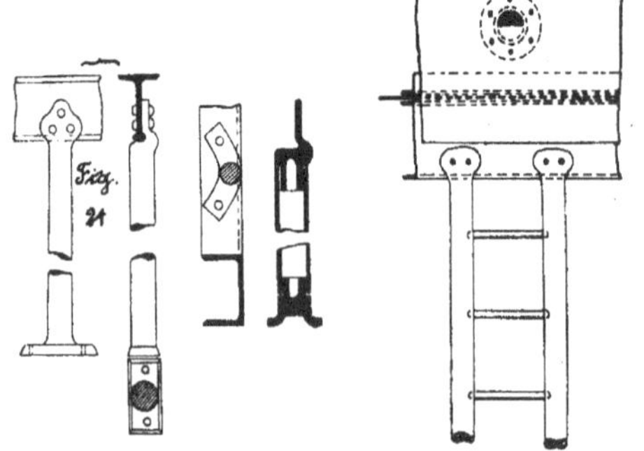
Skizze 114a. Deckstützen. Skizze 114b. Lukenleiter.

Decks (decks).

Das oberste durchlaufende Deck bildet im allgemeinen die obere Gurtung des Trägers, als welchen man den Schiffskörper aufzufassen pflegt. Es muß daher besonders stark gehalten werden, um in Verbindung mit dem Scheergang der Außenhaut die auftretenden Zug- und Druckspannungen aufnehmen zu können (vgl. Seite 20).

Bei Schiffen von kleineren Abmessungen ist ein durchlaufendes Eisendeck nicht erforderlich. Hier genügt der Deckstringer (deck stringer) und Längsschienen (fore and aft tie plates), die an den Luken entlang laufen.

Bei Dampfschiffen wird indessen gewöhnlich im mittleren Teile, also dem Teil neben Kessel- und Maschinenschacht, eine volle Beplattung angeordnet, die sich nach den Enden zu auf Stringerbreite verjüngt. Bei besonders beanspruchten Stellen wie unter den Winden,

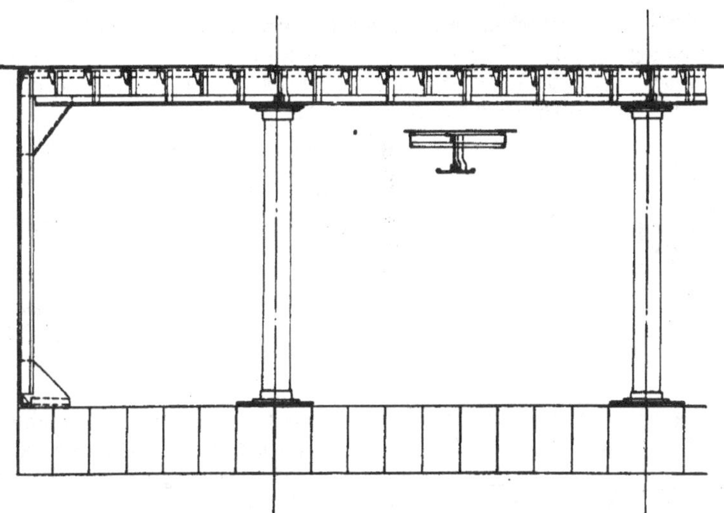

Skizze 115a. Unterzug und Pfeilerstützen.

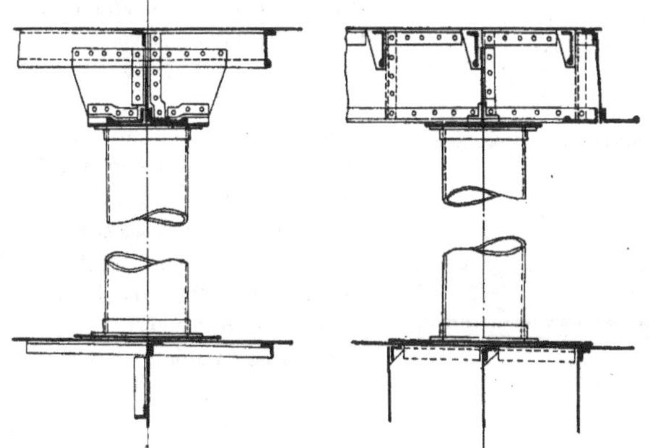

Skizze 115b. Pfeilerstütze.

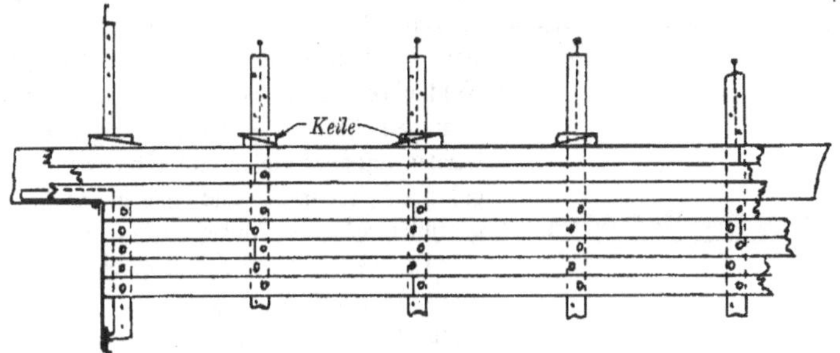

Skizze 116. Holzdeck.

Spillen, Pollern, Mastenfischung, beim Rudersteven usw. werden Deckplatten angeordnet. Über diese sog. partielle Beplattung (local patches of deck plating) wird das Holzdeck verlegt. Polnische Kiefer, Yellow-pine, Pitchpine, Teak. — Normale Breite der Planken 150 mm. Befestigung am Deckbalken vgl. Skizze 116 und 117.

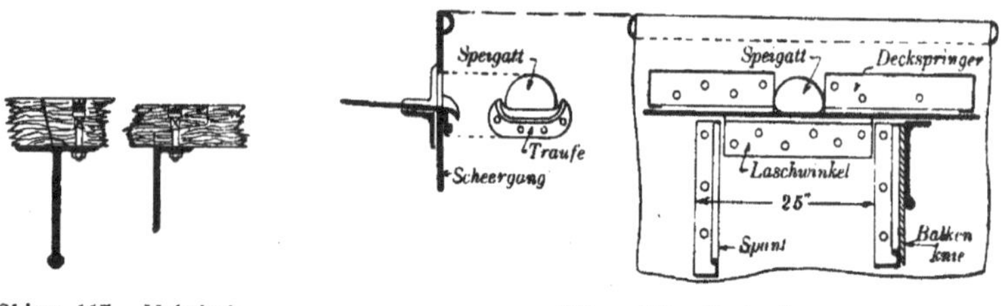

Skizze 117. Holzdeck. Skizze 118. Speigatt.

Für größere Schiffe ist für das Gurtungsdeck stets ein volles Eisendeck erforderlich; aber auch bei kleinen Fahrzeugen, wie Schleppern, Eisbrechern usw. wird aus Rücksicht auf Abnützung ein solches oft angewandt. Riffelblech.

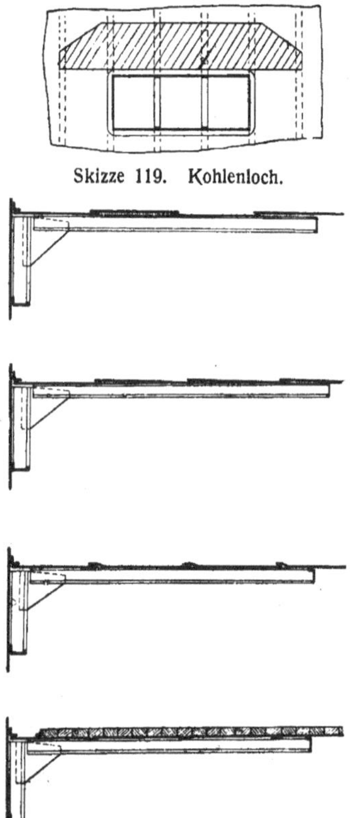

Skizze 119. Kohlenloch.

Skizze 120. Gänge des Eisendecks.

Der Deckstringer ist ein Plattengang des Decks, dessen Breite und Dicke der Größe des Schiffes entsprechend vorgeschrieben ist, und der mittelst des Stringerwinkels mit dem Scheergang verbunden ist. An den Stellen, wo der Stringerwinkel durch ein Speigatt (scupper) unterbrochen ist, legt man einen Laschwinkel unterhalb des Decks. Skizze 118.

Stringerplatte, Scheergang und Stringerwinkel bilden zusammen den wesentlichsten Teil der oberen Gurtung und sollen möglichst nicht durch Öffnungen wie Kohlenlöcher, Seitenfenster u. dgl. durchbrochen werden, anderenfalls ist Ersatz für die Schwächung durch Doppelung zu schaffen.

Die übrige Beplattung des Decks wird neben den Luken stärker genommen als zwischen den Luken und ist abhängig von der Breite der Luken. An den Lukenecken wird die Beplattung gedoppelt. Bei Durchbrechung der Deckbeplattung durch Kohlenluken u. dgl. ist für genügende Verstärkung zu sorgen. Skizze 119. Die Plattengänge des Decks werden entweder nach außen hin geklinkert oder gejoggelt oder in an- und abliegenden Gängen angeordnet, selten stumpf gestoßen. Skizze 120.

Bei vielen Schiffen, und zwar stets bei Fahrgastschiffen, erhält wenigstens das Wetterdeck noch einen Belag aus Holz. Vor dem Verlegen der Planken auf dem Eisendeck erhält dieses einen kräftigen Anstrich von Holz- oder Steinkohlenteer, in den reichlich Zement gestreut wird, so daß sich zwischen Holz- und Eisendeck kein Leckwasser ansammeln kann (vgl. Seite 28).

Die Befestigung der Planken auf dem Eisendeck erfolgt durch Deckschrauben zwischen den Deckbalken.

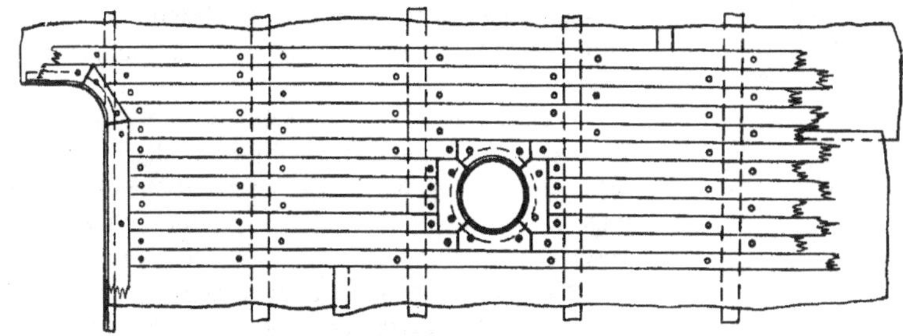

Skizze 121.

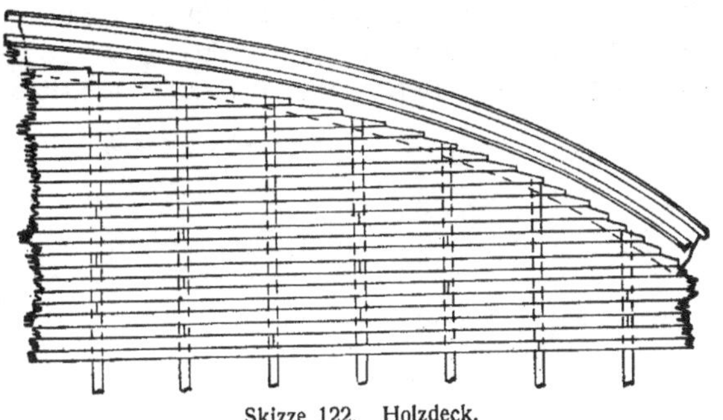

Skizze 122. Holzdeck.

Um die Luken herum legt man ein kräftiges Leibholz (boundary plank). Skizze 121. Ein weiteres starkes Leibholz, der Wassergang (waterway plank, margin plank) läuft am Rande des Holzdecks entlang. In diesem sind die Enden der Planken eingekämmt. Skizze 122.

Der Wassergang lehnt sich gegen einen parallel zum Stringerwinkel laufenden Winkel, den sog. Rinnsteinwinkel (gutter angle) an. Rinnstein gewöhnlich auszementiert. Poller (bollard) über Rinnstein. Skizze 123.

Vorzüge des reinen Eisendecks: Neben der hohen Festigkeit leicht zu erreichende Wasserdichtigkeit, große Widerstandsfähigkeit gegen Abnutzung (Kohlen-, Erzdampfer usw.). Nachteil: Schwitzwasserbildung unter dem Deck. Um diese zu vermeiden, um das Deck zum Begehen angenehmer zu gestalten und um Schalldämpfung zu erzielen, gibt man dem eisernen Deck die hölzerne Beplankung (to sheathe).

Analog gestaltet sich die Ausführung der unteren Decks.

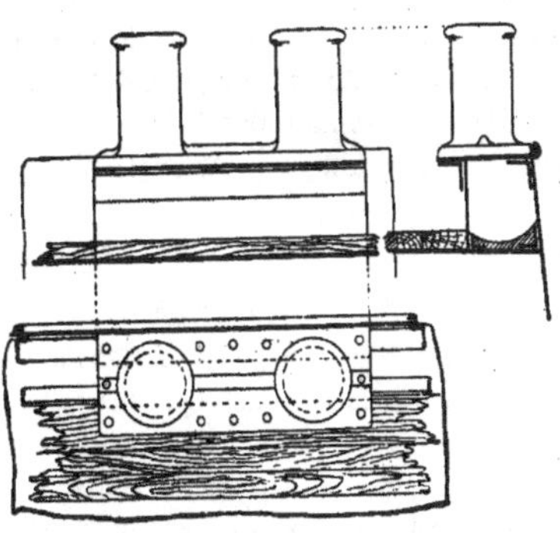

Skizze 123. Poller.

Wegerung (ceiling).

Alle Schiffe mit gewöhnlichen Bodenwrangen erhalten im Boden der Laderäume eine dichte Holzwegerung, die vom Mittelkielschwein bis oberhalb der Kimm reicht und hier gegen die Außenhaut abgedichtet wird. Diese Wegerung soll keine Löcher, Spalten usw. haben, so daß Sand, Getreide, Kohlengrus u. dgl. nicht in die Bilge fallen können und evtl. die Pumpen unklar machen.

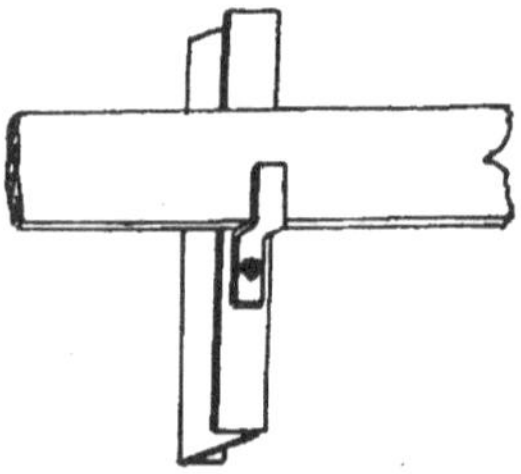

Skizze 124. Wegerungsklampe.

Bei Schiffen mit Doppelboden ist eine Holzwegerung im Boden nicht erforderlich, aber im allgemeinen doch recht zweckmäßig, da sie die Tanktopplatten vor Beschädigungen schützt und den Druck schwerer Ladung gut verteilt.

Bisweilen bringt man eine Holzwegerung nur unter den Luken an zum Schutz der Tankdecke. Bei Erzdampfern wird dieser Teil der Wegerung besonders stark gemacht. Tannen-, Fichten- oder Kiefernplanken von etwa 250 mm Breite.

An den Seiten werden die Laderäume mit einer Lattenwegerung (cargo battens, spar ceiling) versehen. Skizze 124. Abstand der einzelnen Schweißlatten etwa 250 mm.

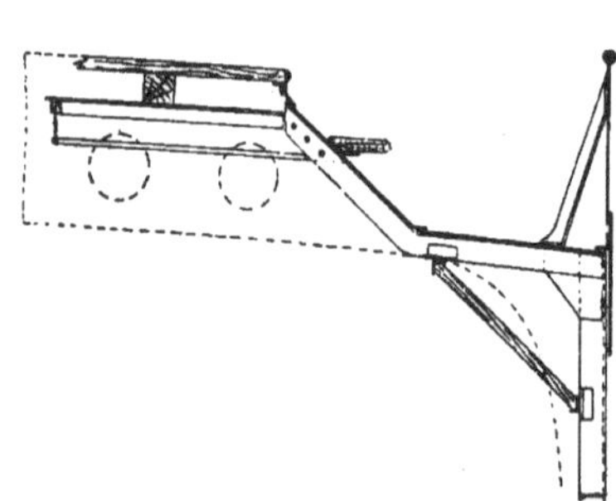

Skizze 125. Selbsttrimmer.

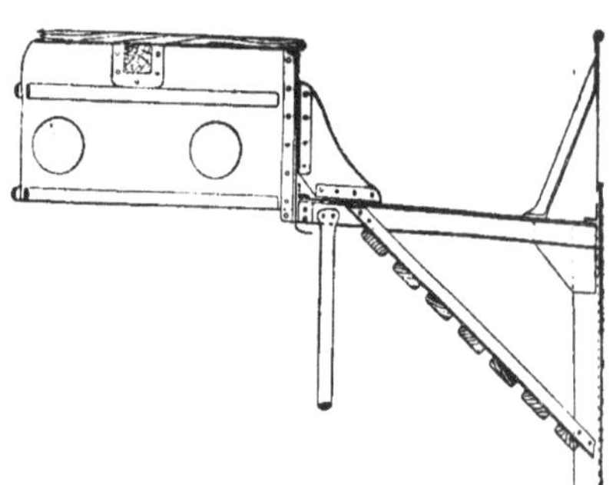

Skizze 126. Selbsttrimmer.

Bisweilen nimmt man statt der hölzernen Latten solche aus Halbrundeisen. Bei Kohlen- und Erzdampfern läßt man die Lattenwegerung häufig ganz fehlen.

Um bei Schiffen mit Selbsttrimmluken od. dgl. den Einfluß der toten Ecken zu vermeiden, wegert man diese ab, Skizze 125 und 126, wenn man nicht vorzieht, diese Ecken zwecks Aufnahme von Wasserballast abzuschotten. Vgl. Seite 45, Skizze 69.

Luken (hatchways).

1. Niedergangsluken (companion hatchways) vgl. Skizze 127.

2. Ladeluken (cargo hatchways). Diese bilden eine erhebliche Unterbrechung sowohl des Längs- wie des Querverbandes, worauf bei ihrer Konstruktion besonders Rücksicht zu nehmen ist.

Die Lukenendbalken müssen verstärkt werden, wenn sie nicht in unmittelbarer Nähe der Lukenecken unterstützt sind. Sie sind besonders stark auszuführen, wenn, wie es bisweilen geschieht, Stützen ganz vermieden werden sollen. Skizze 128.

Die Höhe der **Luksülle** (coamings) über dem freiliegenden Deck soll mindestens 600 mm, in der freiliegenden Well 800 mm betragen. Innerhalb vollständig geschlossener Aufbauten und Decks unter dem Freiborddeck genügt ein niedriges Süll.

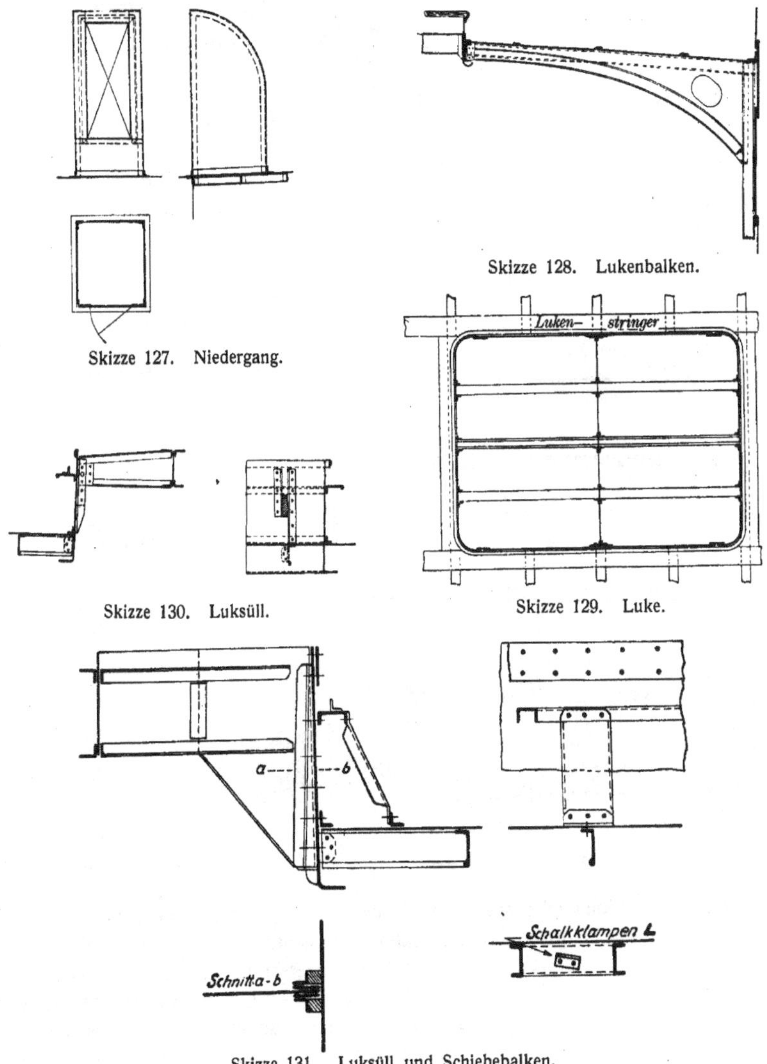

Skizze 127. Niedergang.

Skizze 128. Lukenbalken.

Skizze 129. Luke.

Skizze 130. Luksüll.

Skizze 131. Luksüll und Schiebebalken.

Die Ecken der Luken werden gewöhnlich abgerundet, um ein Einreißen der Deckbeplattung zu verhindern. Skizze 129.

Die Süllplatten werden bis Unterkante Deckbalken heruntergeführt und dort umgebördelt oder mit Halbrundeisen garniert.

Auf dem Eisendeck bzw. den Lukenstringern ist das Süll durch einen umlaufenden Winkel befestigt, der an den Ecken großer Luken verstärkt wird. Bei Süllhöhen von 600 mm und mehr wird etwa 200 bis 250 mm unter Oberkante Süll ein horizontaler Wulstwinkel herumgeführt, um dieses abzusteifen; auf ihm werden kurze Winkelstücke für die Schalkkeile befestigt. Bei größeren Luken erhält dieser Wulstwinkel noch Stützen. Skizze 130, 131 und 132.

An der Oberkante erhält das Süll ein kräftiges Lukenprofil. Skizze 133.

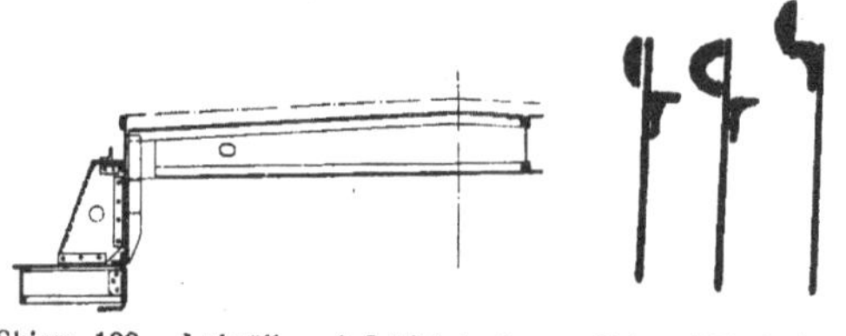

Skizze 132. Luksüll und Schiebebalken. Skizze 133. Lukenprofile.

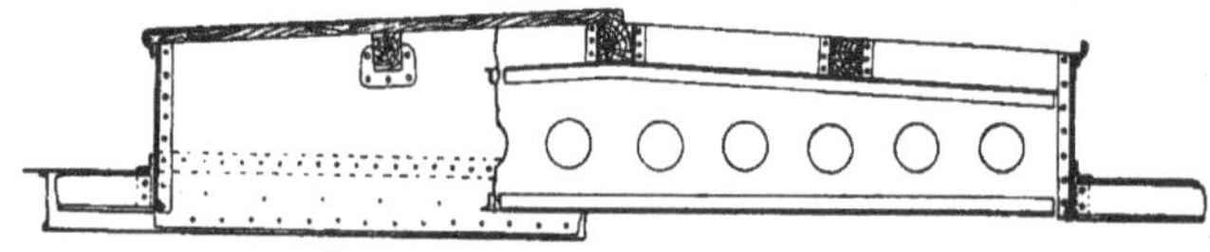

Skizze 134. Schiebebalken.

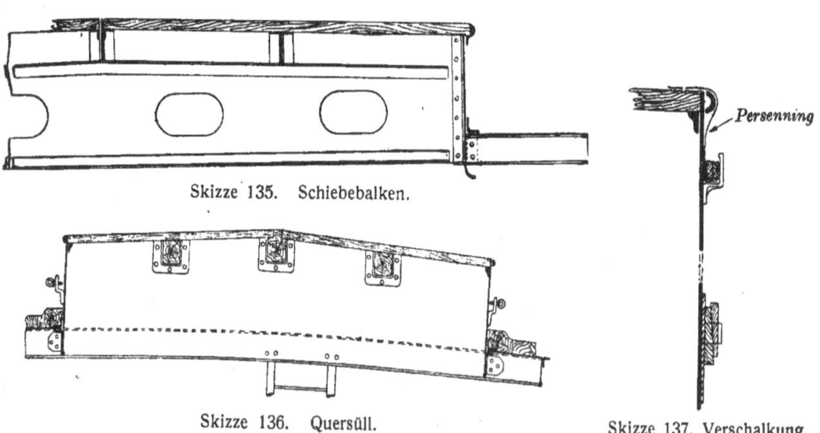

Skizze 135. Schiebebalken.

Skizze 136. Quersüll.

Skizze 137. Verschalkung.

Zwischen den Längssüllen sind Schiebebalken (shifting beams) anzuordnen, die in ihren Führungen am Längssüll durch Steckbolzen gesichert werden. Skizze 130, 134, 135.

Bei querschiffs liegenden Lukendeckeln (hatches) werden Längsbalken oder Scheerstöcke (fore- and afters) angeordnet, entweder aus Profilen zusammengesetzt oder aus Holz; in diesem Falle erhalten sie eiserne Schuhe an den Enden. Skizze 129, 134, 135 und 136.

Dicke der Lukendeckel mindestens 65 mm; ebenfalls mindestens 65 mm soll ihre Auflage sein.

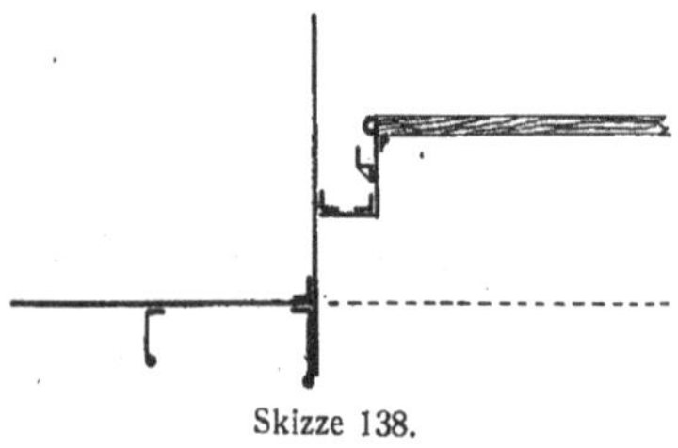

Skizze 138.

Zur Abdichtung der Ladeluken des Wetterdecks werden doppelte Persennings (tarpaulins, hatch covers) genommen, die durch eiserne Schalklatten (hatch battens) festgehalten werden. Letztere werden durch Keile in den Schalkklampen (cleats) oder den oben erwähnten kurzen Winkeln festgesetzt. Skizze 137.

Zur weiteren Sicherung der Lukenabdeckung werden Querriegel aus Flacheisen, bei großen Luken auch noch Längsriegel vorgesehen, die über die Persenning gespannt und deren Enden durch Schraubbolzen oder ähnliche Vorrichtungen festgesetzt werden.

Luksüll in nächster Nähe eines Brückenfrontschottes Skizze 138.

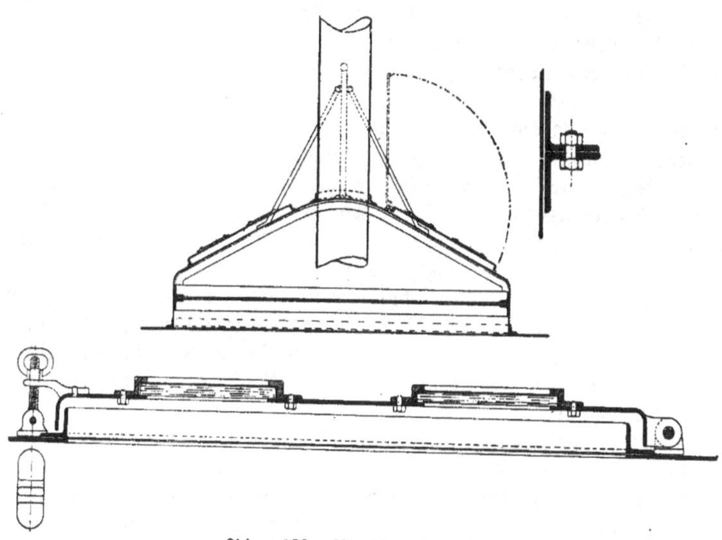

Skizze 139. Maschinenoberlicht.

3. Maschinen- und Kesselschächte.

Ein Schacht über dem Maschinenraum ist erforderlich, um Luft und Licht einzulassen; er trägt gewöhnlich ein Oberlicht (skylight), etwa nach Skizze 139. Ein weiterer Schacht ist über dem Kesselraum (fiddley opening) erforderlich, um den Schornstein hochzuführen und den heißen Feuerraum zu ventilieren. Zwischen beiden ist bisweilen noch ein Schacht vorgesehen zum Bekohlen der unteren Bunker: Sattelschütte (saddle-back trunk). Ferner ist in der gemeinsamen Umschottung (casing) häufig der Raum für einen Hilfskessel, die Kombüse, Trockenkammer usw. vorgesehen. Höhe der Schächte 1,80 bis 2,30 m.

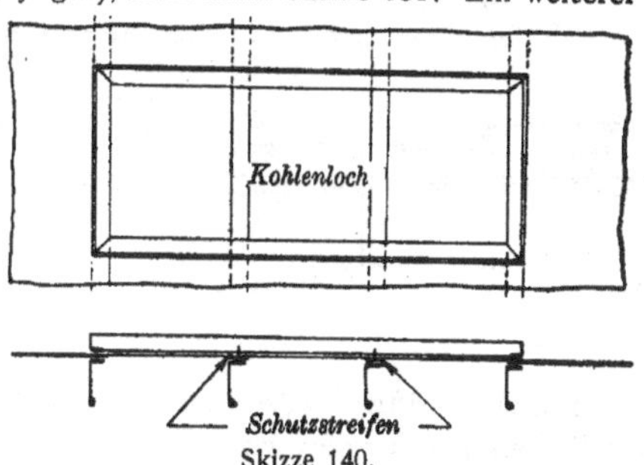

Skizze 140.

Bei den Kohlenluken in den nicht freiliegenden Decks genügt als Süll ein umlaufender Winkel. Die Deckbalken gehen durch und erhalten bisweilen einen Flacheisenstreifen aufgenietet zum Schutz des Balkens. Skizze 140.

Schotte (bulkheads).

Unter Schotten versteht man Wände, gleichgültig ob quer- oder längsschiffs angeordnet, die aus Platten und Profileisen aufgebaut sind und den Schiffsraum in eine Reihe getrennter Räume zerlegen. Man unterscheidet gewöhnliche Trennungsschotte und wasserdichte Schotte (watertight bulkheads).

Schon im Anfang des Eisenschiffbaus pflegte man den Dampfschiffen eine, wenn auch geringe Anzahl von wasserdichten Querschotten einzubauen und zwar ein sogenanntes Kollisionsschott im Bug (Englischer Lloyd 1855), zwei Endschotte für den Maschinen- und Kesselraum (Merchant shipping Act 1854) und ein hinteres Schott, das eine kurze Piek abschließt, bei Schraubenschiffen auch Stopfbüchsenschott genannt.

Der Wert der wasserdichten Querschotte liegt einmal in der außerordentlichen Erhöhung der Querfestigkeit des Schiffskörpers und dann in der Sicherheit des Schiffes gegen Versinken beim Vollaufen einzelner Abteilungen, vorausgesetzt, daß eine genügende Anzahl solcher Schotte in zweckmäßiger Verteilung und Bauart vorhanden ist.

Wirklich brauchbare Vorschriften für die Anordnung wasserdichter Schotte wurden zuerst von der Seeberufsgenossenschaft erlassen. (Vorschriften über wasserdichte Schotte für Passagierdampfer in außereuropäischer Fahrt 1896 und 1907.) Nach diesen Vorschriften wird im allgemeinen verlangt, daß bei einem sogenannten Schnelldampfer zwei benachbarte Räume vollaufen können, ohne daß das Schiff mit dem Hauptdeck zu Wasser kommt. Bei Fracht- und Fahrgastschiffen (50 Fahrgäste und mehr) sollen die beiden vorderen Endräume oder ein beliebiger Raum vollaufen können und das Schiff dabei schwimmfähig bleiben (Unversinkbarkeitszeichen im Zertifikat und Register: ✝ unter Angabe des Tiefganges).

Da beim Vollaufen einer oder zweier Abteilungen das Fahrzeug tiefer taucht und umtrimt, so ist durchaus erforderlich, die Schotte hoch genug hinaufzuführen, so daß das Wasser nicht etwa über den Kopf des Schottes in die benachbarte Abteilung fließen kann. Man führt daher die wasserdichten Schotte grundsätzlich bis zum Hauptdeck, dem Freiborddeck, hoch, das deshalb auch Schottendeck genannt wird.

Die Klassifikationsgesellschaften stellen bezüglich der Anzahl der wasserdichten Querschotte ganz allgemein folgende Anforderungen.

Alle Schiffe erhalten ein vorderes Kollisionsschott, ein Achterpiekschott (bei Segelschiffen empfohlen) und je ein Schott vor und hinter dem Maschinen- und Kesselraum. Bei Schiffen, deren Länge 85 m übersteigt, werden mehr Schotte erforderlich. Skizze 141.

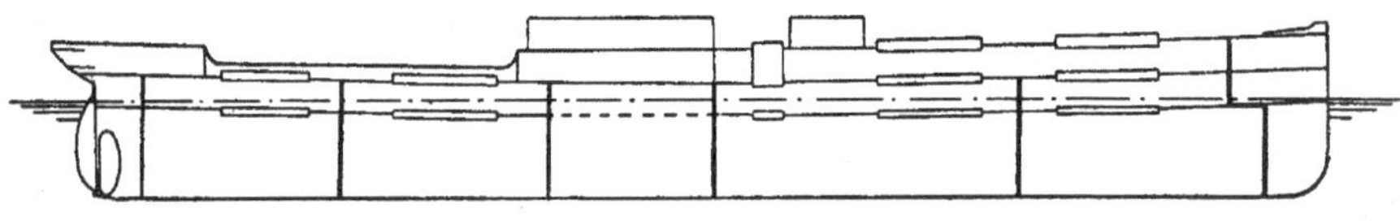

Skizze 141.

Die Vorschriften für den Bau wasserdichter Querschotte sind bei allen Klassifikationsgesellschaften fast völlig gleich; sie sind aufgebaut auf den Versuchen des englischen Schottenausschusses von 1912.

Der Aufbau eines Schottes geht aus der Skizze 142 hervor. Der unterste Plattengang muß mindestens 900 mm breit und dicker als die darüber liegenden Gänge sein.

Als Schottsteifen kommen L L- und C-Profile in Frage. Sie werden unten und oben entweder durch Kniebleche eingespannt oder durch kurze Winkelstücke befestigt.

Im Kollisionsschott dürfen unterhalb des Schottendecks wasserdichte Türen, Mannlöcher od. dgl. nicht angebracht werden. Wasserdichte Türen in den Schotten müssen

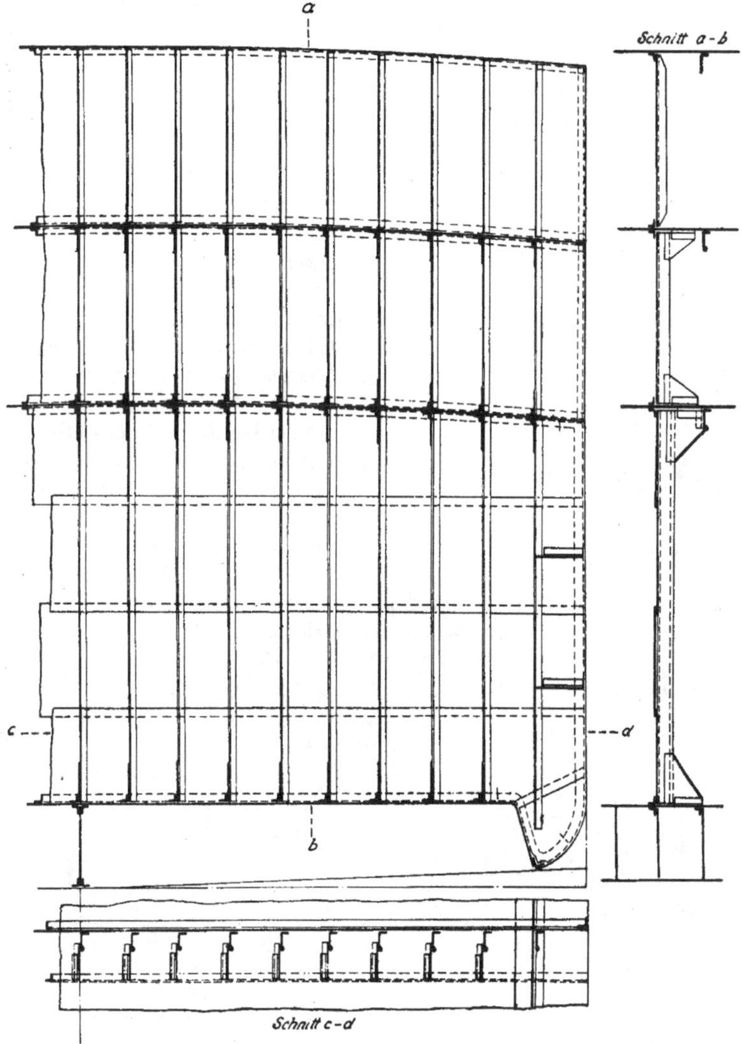

Skizze 142. Wasserdichtes Schott.

auch vom Schottendeck aus zu bedienen sein. — Hand- oder mechanischer Antrieb. — Rohr- und Kabelleitungen müssen mittels Stopfbüchsen durch ein Schott durchgeführt werden. Prüfung der Schotte auf Wasserdichtigkeit im allgemeinen durch Abspritzen.

Kohlenbunker (coal bunkers).

Man unterscheidet Längsbunker (side bunkers) und Querbunker (cross bunkers). Die Anordnung der Bunker ist ungemein verschieden. Da Querbunker den Laderaum beeinträchtigen, werden sie gewöhnlich nur angewandt, wenn die Längsbunker nicht groß genug gemacht werden können. Bei Trampdampfern ist oft vor dem festen Querbunker noch ein Teil des Laderaumes abgeschottet, der als Reservebunker, aber auch als Laderaum, bisweilen auch als Ballasttank dient. Vielfach benutzt man auch einen Teil des Raumes unter dem Brückendeck als Bunker.

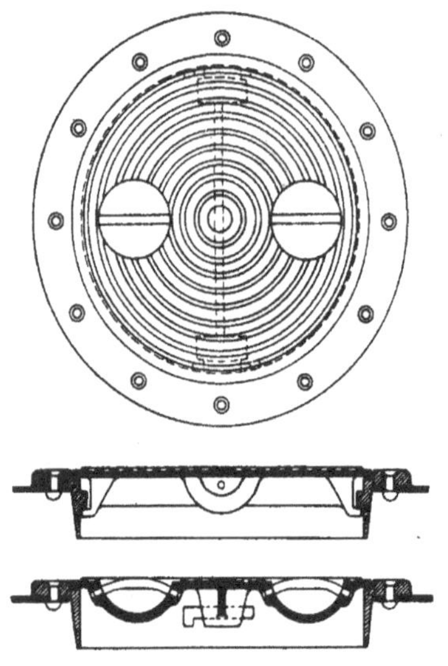

Skizze 143. Kohlenzarge.

Im Handelsschiffbau begnügt man sich im allgemeinen damit, die Bunkerschotte staubdicht und so fest zu machen, daß sie den Druck der Kohlen aushalten. Gewöhnlich werden die Längsschotte so stark gebaut, daß sie die sonst in dem betreffenden Abschnitt erforderlichen Deckstützen ersetzen, ähnlich wie das Schlingerschott in den Laderäumen. Wo erforderlich, werden die Bunkerschotte nach der Außenhaut hin oder untereinander verankert. Anker tunlichst nicht unmittelbar unter den Kohlenlöchern.

Die Größe des Bunkerraumes ist abhängig von dem geforderten Aktionsradius, dem Gütegrad der Maschinen- und Kesselanlage und der Güte der Kohlen. Man rechnet etwa 1,25 cbm Bunkerraum für 1 t Kohle.

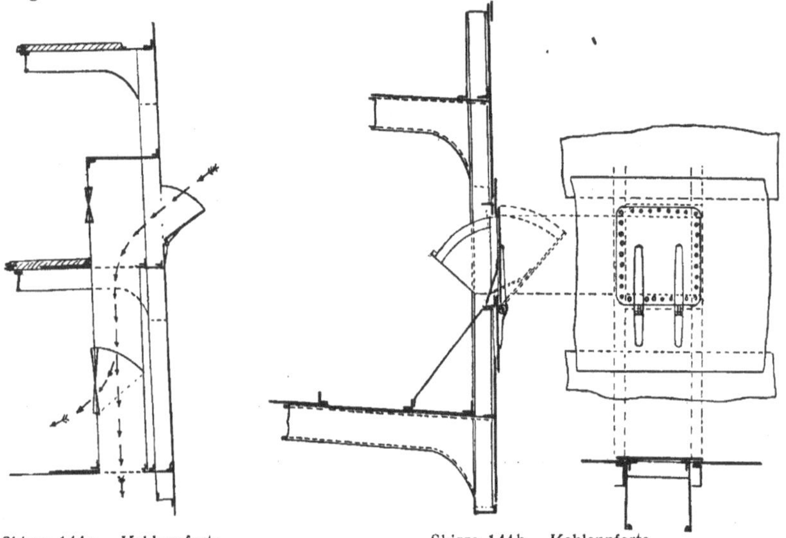

Skizze 144a. Kohlenpforte. Skizze 144b. Kohlenpforte.

Große Sorgfalt ist auf die Anordnung der Kohlenschütten zu verwenden, damit die Bunker ohne erhebliche Trimkosten gefüllt werden können.

Bei kleineren Fahrzeugen genügen sogenannte Kohlenzargen, die bündig mit dem Deck liegen und durch gußeiserne Deckel (covers) verschlossen werden. Skizze 143. Bei größeren Schiffen ordnet man auf freiliegendem Deck und im Brückenhaus gewöhnlich Kohlenluken (coal hatches) mit vorschriftsmäßigem Süll an. Unter diesen Luken werden im Deck darunter einfache Kohlenlöcher (coal holes) ausgeschnitten, die man gern an den Ecken abrundet. Winkelkranz als Süll, in den, wenn erforderlich, ein Holzdeckel eingelegt wird. Deckbalken laufen durch. Skizze 140. Bei Fahrgastschiffen sieht man vielfach in der Bordwand Kohlenpforten (side coaling ports) vor. Skizze 144a, b.

Bei langen Bunkern werden kleine Trimluken im Deck erforderlich, die besonders als Ausgang für die Trimmer dienen.

Ölbunker (oil fuel tanks).

Die Verwendung von Öl zur Kesselfeuerung und zum Betrieb von Verbrennungsmotoren bedingt den Bau von Ölbunkern. Bei der üblichen Bauart der Ölbunkerschotte

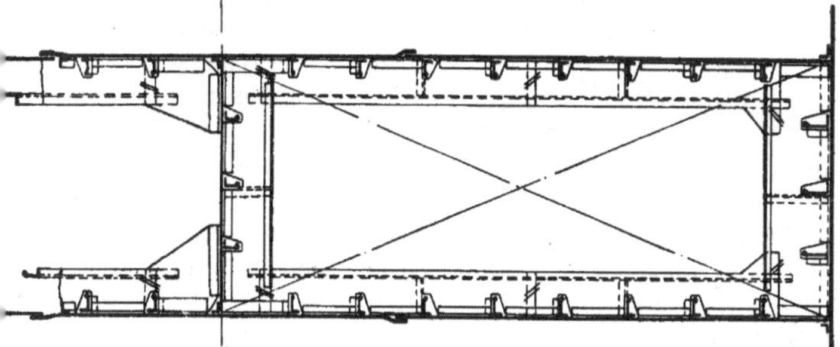

Skizze 145. Öltank.

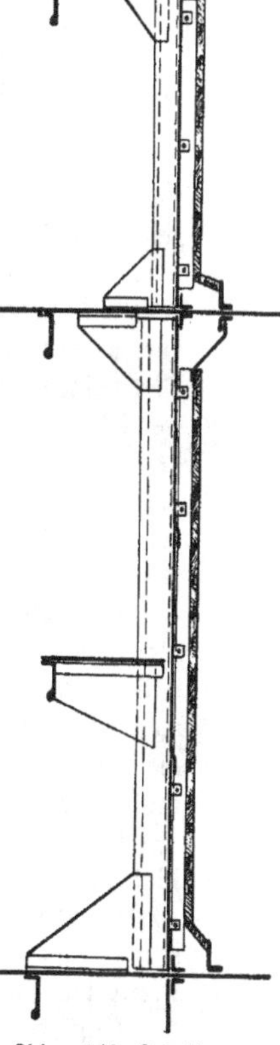

Skizze 146. Schottisolierung bei Öltanks.

setzt man ein Öl voraus, dessen Flammpunkt bei 65° C liegt. Für Öl mit niedrigerem Flammpunkt sind besondere Vorsichtsmaßregeln sowohl im Bau der Bunkerschotte als auch im Betriebe erforderlich.

Die Schotte werden wie wasserdichte Schotte gebaut, jedoch werden die senkrechten Steifen etwas stärker genommen und noch durch einen wagerechten Träger abgestützt, der aus einer Stegplatte und einem Gurtungsprofil besteht und durch Kniebleche abgestützt wird. Desgleichen werden wagerechte Träger nach Art der früheren Seitenstringer an der Außenhaut angeordnet. Diese bilden mit den am Schott angebrachten wagerechten Trägern einen geschlossenen Rahmen. Skizze 145.

Ein Mittellängsschott als Schlagwasserplatte ist üblich.

Nach den Laderäumen zu müssen die Tankschotte durch Wegerung isoliert werden. Außerdem wird ein Rinnstein vorgesehen zum Auffangen des Lecköls und Ableiten in einen besonderen Ölbrunnen. Skizze 146.

Von Frischwassertanks werden die Öltanks durch Kofferdämme getrennt.

Außenhaut (outside shell plating).

Die Außenhaut besteht aus einzelnen Platten, die an den Spanten befestigt werden und so miteinander verbunden sind, daß ein wasserdichter Abschluß des Schiffsraumes nach außen erreicht wird. Die einzelnen Gänge (strakes) laufen — abgesehen von einzelnen verlorenen Gängen (drop strakes) — von vorn bis hinten durch. Skizze 147 und 148. Die Stöße eines Ganges liegen zwischen zwei Spanten und sind entweder durch Laschen oder, wie es meistens der Fall ist, durch Überlappung verbunden.

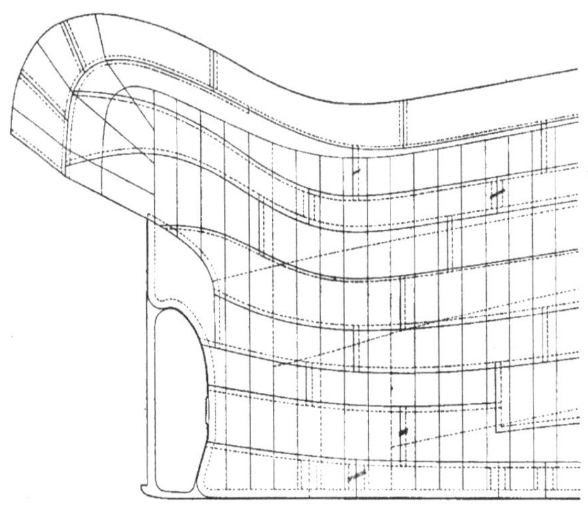

Skizze 147. Außenhaut Hinterschiff.

Die Gänge selbst sind entweder geklinkert, — keilförmige Unterlagstreifen auf den Spanten, — an- und abliegend, — Flacheisenstreifen als Unterlage, — neuerdings vielfach gejoggelt, — keine Unterlagstreifen. Selten werden sie stumpf gestoßen. Skizze 149. Bisweilen wird der Spantwinkel durchgesetzt (to joggle), so daß alle Gänge anliegend gehalten werden. Skizze 63. Dieses Verfahren wird im allgemeinen nur da angewendet, wo die Spanten keine oder nur geringe Schmiege haben, besonders gern bei den Spanten im Bereiche des Doppelbodens.

Die Überlappungen (landings) der einzelnen Gänge bilden eine erhebliche Verstärkung der Außenhaut, die einen wesentlichen Teil des Längsträgers bildet.

Länge der einzelnen Platten im allgemeinen bis 10 m, jedoch mindestens sechs Spantentfernungen, Breite bis 2 m.

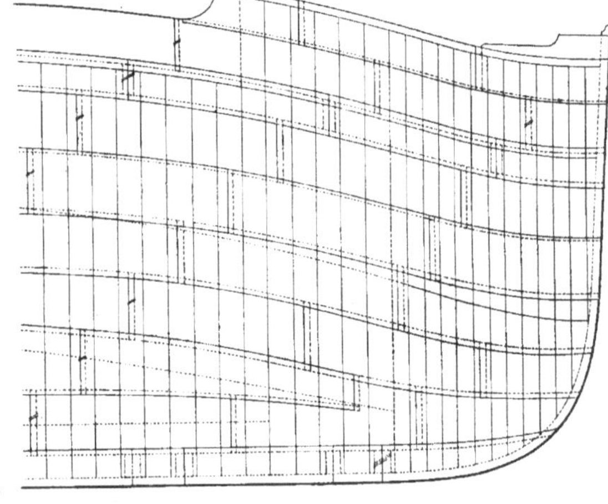

Skizze 148. Außenhaut Vorschiff.

Eine wesentliche Rolle im Längsverband spielt der in Höhe des obersten Decks, des Gurtungsdecks, entlanglaufende Scheergang (sheerstrake), der stets wesentlich stärker genommen wird als die übrige Beplattung. Er ist durch den kräftigen Stringerwinkel mit dem Stringer des Gurtungsdecks verbunden. Bei größeren Schiffen rechnet man auch den Gang unterhalb des Scheergangs zur oberen Gurtung und verstärkt ihn.

Besondere Verstärkung erfahren die Platten, welche mit dem Hintersteven oder den Wellenträgern vernietet werden, vor allem, wenn sie im Feuer bearbeitet werden; ferner

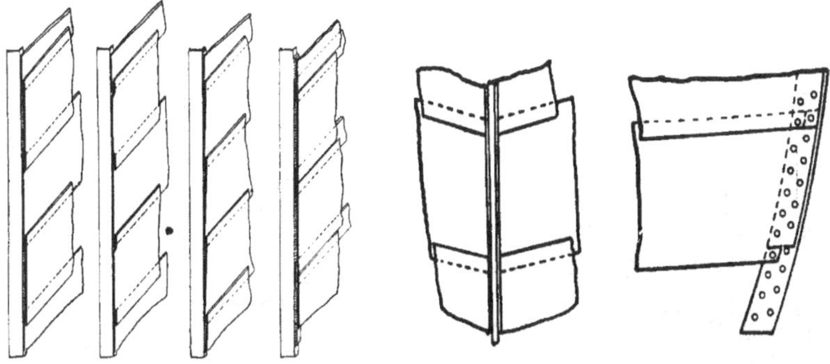

Skizze 149. Außenhautgänge. Skizze 150.

die Beplattung des Buges bei Schiffen mit dem Zeichen (E) bzw. ($E+$), die Platte, in welcher die Ankerklüse befestigt ist usw. Wo größere Öffnungen, wie Seitenfenster, Pforten od. dgl. vorgesehen sind, muß — besonders im Scheergang — für eine entsprechende Verstärkung gesorgt werden.

Die Befestigung der Außenhautplatten an den Steven erfordert besondere Sorgfalt. Damit alle Plattengänge am Steven anliegen, schärft man die oberen und unteren Ecken der anliegenden Gänge aus. Skizze 150.

Schanzkleid (bulwark).

Zur Außenhaut im weiteren Sinne ist auch das Schanzkleid zu rechnen, das im allgemeinen jedoch nicht als Längsverbandteil betrachtet wird.

Abgesteift wird das Schanzkleid in Entfernungen von 1,2 bis höchstens 1,7 m durch geschmiedete Rundeisen- oder Wulstschienenstützen (bulwark stays). Skizze 151 a und b. Letztere werden durch doppelte Winkel mit dem Schanzkleid und dem Deckstringer verbunden.

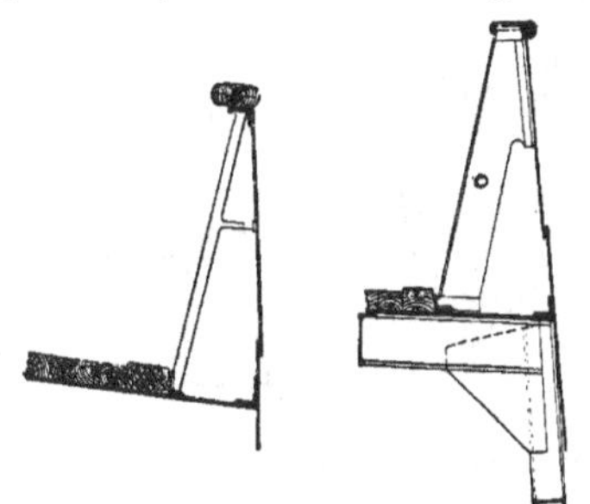

Skizze 151 a und b. Schanzkleidstützen.

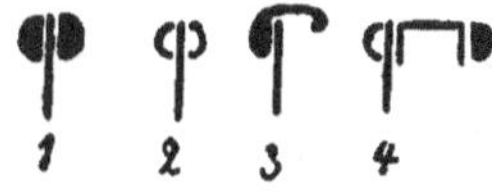

Skizze 152. Relingprofile.

Der größeren Haltbarkeit wegen gibt man bei Schleppern, Frachtschiffen usw. eine Reling (rail) aus Profileisen. Skizze 152. Fahrgastschiffe erhalten stets eine Relingleiste aus Holz, gewöhnlich Teakholz, die auf einem an Oberkante Schanzkleid entlanglaufenden Winkel befestigt ist.

Wasserpforten (waterport doors, wash ports) und Speigatten (scuppers) sind in genügender Größe und Zahl im Schanzkleid vorzusehen. Skizze 153 und 118.

Verholklüse (mooring pipe) im Schanzkleid vgl. Skizze 154.

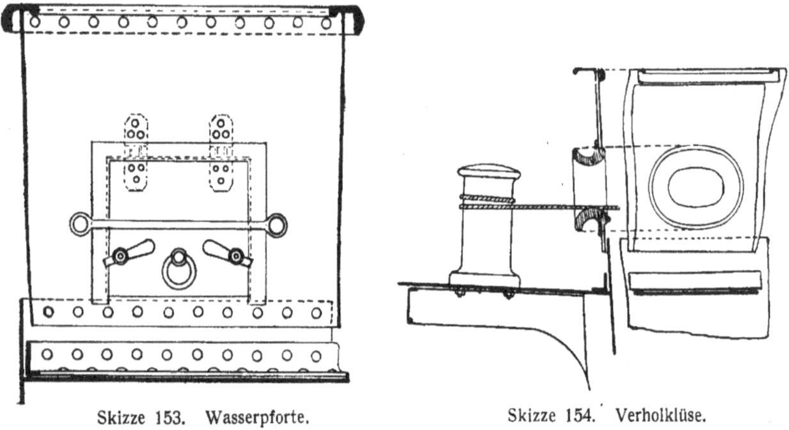

Skizze 153. Wasserpforte. Skizze 154. Verholklüse.

Wellentunnel (shaft tunnel).

Vom hinteren Maschinenschott bis zum Achterpiekschott wird die Welle in einem wasserdicht genieteten Tunnel geführt, einmal um sie von der Ladung frei zu halten und

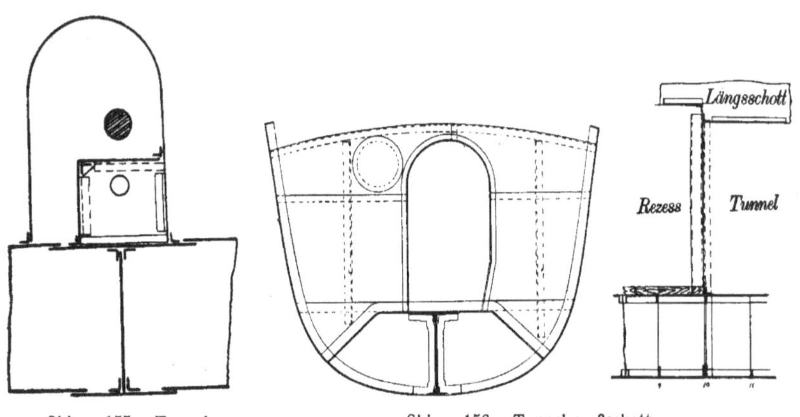

Skizze 155. Tunnel. Skizze 156. Tunnelrezeßschott.

dann, um Traglager, Kupplungen, Stopfbüchse usw. zwecks Bedienung zugänglich zu machen. Ferner soll auch der Tunnel bei einem Bruch des Stevenrohres und der hinteren Stopfbüchse den Einbruch des Wassers in den Laderaum verhindern. Seine Breite beträgt 1600 bis 1800 mm, die Höhe richtet sich nach der Höhenlage der Welle. Skizze 155.

Die Tunnelspanten liegen gewöhnlich innen, bisweilen aber auch außen, namentlich, wenn die Tunneldecke Wegerung erhält.

Im Hinterschiff werden besonders bei scharfen Schiffen die Räume so eng, daß das Tunnelprofil nicht mehr hineinpaßt. Man läßt dann den Tunnel in einem sog. „Rezeß" (stuffing box recess) endigen, der oben durch eine Plattform, die etwas höher liegt als die Tunneldecke, hinten durch das Stopfbüchsenschott und vorn durch ein Querschott abgeschlossen ist, aus dem das Tunnelprofil ausgespart ist. In ihm liegt gewöhnlich die Reserveschraubenwelle. Skizze 156. Im Tunnel werden vorgesehen: die Stühle (stools) für die Traglager, eine Kühlwasserleitung für diese Lager, eine Laufgreting in passender Höhe und eine feste Handleiste.

Die im Maschinenraum liegende Tunneltür wird als w. d. Schiebetür angeordnet, die auch vom Schottendeck aus bedient werden kann. Tunneleingang vgl. Skizze 157.

Im hinteren Teil ist ein Lüfter vorzusehen, der auch als Notausgang zu benützen ist.

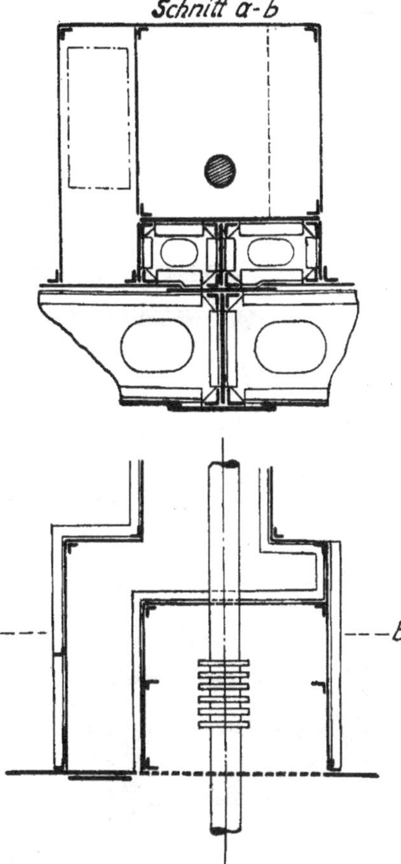

Skizze 157. Tunneleingang.

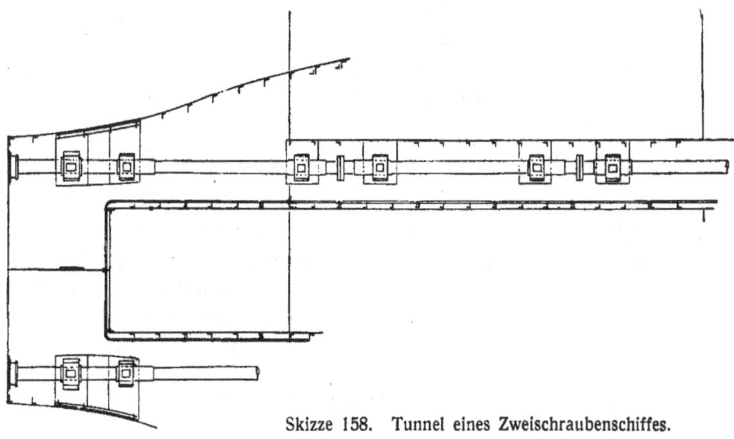

Skizze 158. Tunnel eines Zweischraubenschiffes.

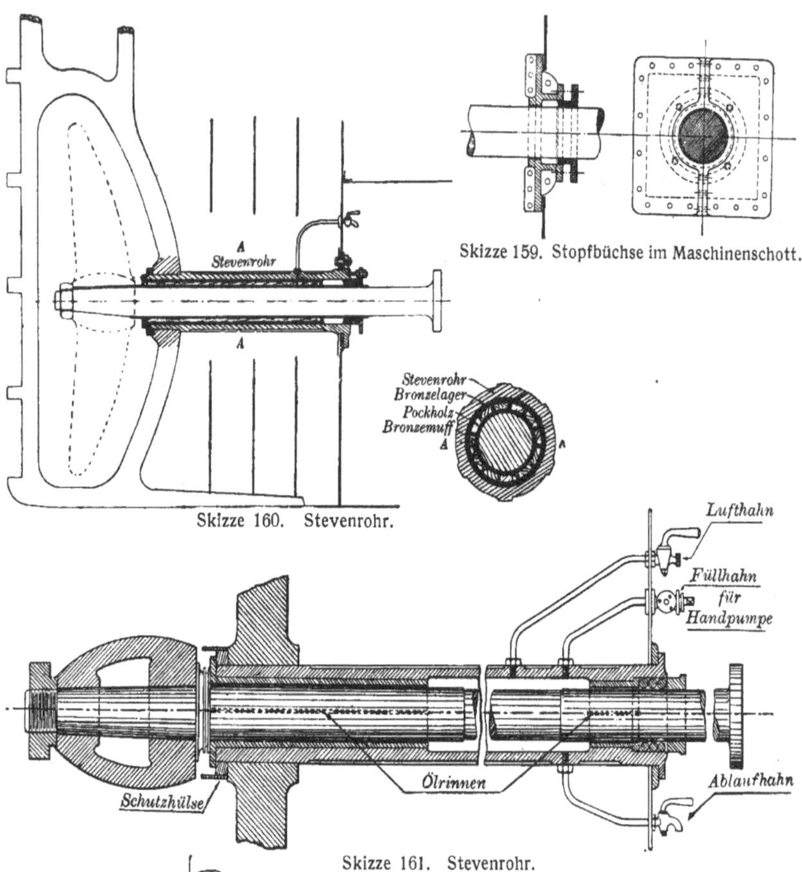

Skizze 159. Stopfbüchse im Maschinenschott.

Skizze 160. Stevenrohr.

Skizze 161. Stevenrohr.

Anordnung bei Zweischraubenschiffen vgl. Skizze 158. Stopfbüchse im hinteren Maschinenschott Skizze 159. Stevenrohr und hintere Stopfbüchse Skizze 160 und 161. Mastspur auf Tunnel Skizze 162.

Maschinen- und Kesselfundament
(engine seat und boiler stools).

Das Maschinenfundament wird aus Platten und Winkeln zusammengebaut und hat den Zweck, eine möglichst starre Grundlage für die Befestigung der Maschine zu bilden und eine günstige Verteilung der Gewichte und der auftretenden wechselnden Kräfte auf den Schiffskörper zu erzielen.

Skizze 162. Mast auf Tunnel.

Besondere Sorgfalt beim Entwurf ist erforderlich, wenn es sich nicht um rotierende (Turbinen), sondern um auf- und niedergehende Massen (Kolbenmaschinen, Dieselmotoren) handelt, da letztere starke Vibrationen im Schiffskörper hervorrufen können.

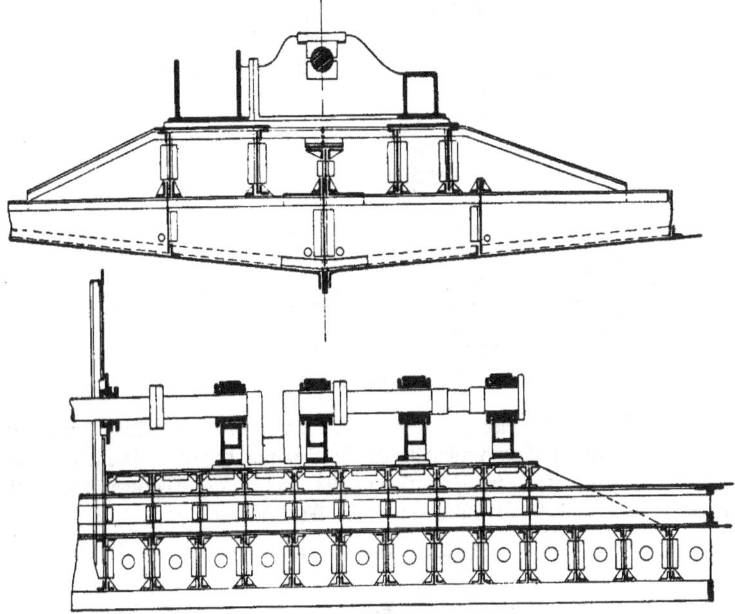

Skizze 163. Maschinenfundament.

Allgemein gültige Grundsätze für den Bau von Maschinenfundamenten lassen sich kaum aufstellen.

Bei Schiffen ohne Doppelboden bilden die Maschinenträger einen Teil der Kielschweinkonstruktion; auf diesen Trägern ruht die schwere Maschinengrundplatte als Topplatte. Skizze 163.

Bei Schiffen mit Doppelboden unterscheidet man im allgemeinen zwei Fälle: Die Maschine steht auf gebauten Fundamenten über der Doppelbodendecke, oder sie ist auf der Tankdecke unmittelbar befestigt. Skizze 164 und 165.

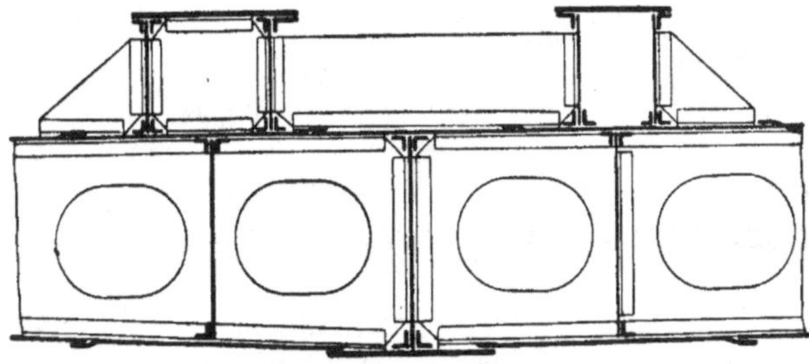

Skizze 164. Maschinenfundament.

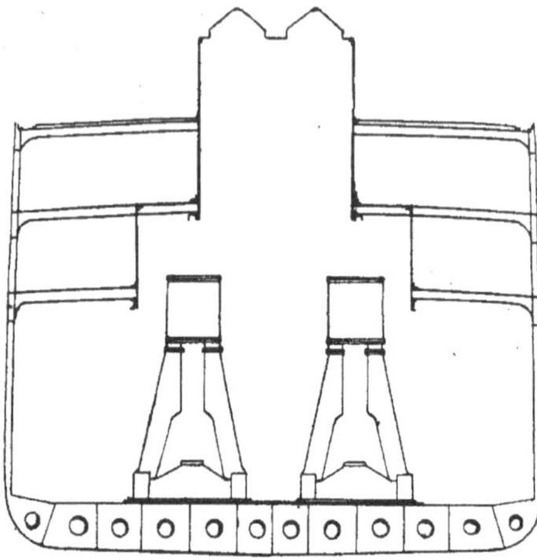

Skizze 165. Maschine auf Doppelboden.

Einfacher als die Bauweise der Maschinenfundamente ist die der Kesselfundamente, da hier bewegte Massen nicht in die Erscheinung treten, vielmehr nur ruhende Belastung in Frage kommt. Zur Übertragung des Druckes des Kesselgewichtes auf den Schiffskörper dienen die Kesselstühle (boiler bearers oder stools). Skizze 166.

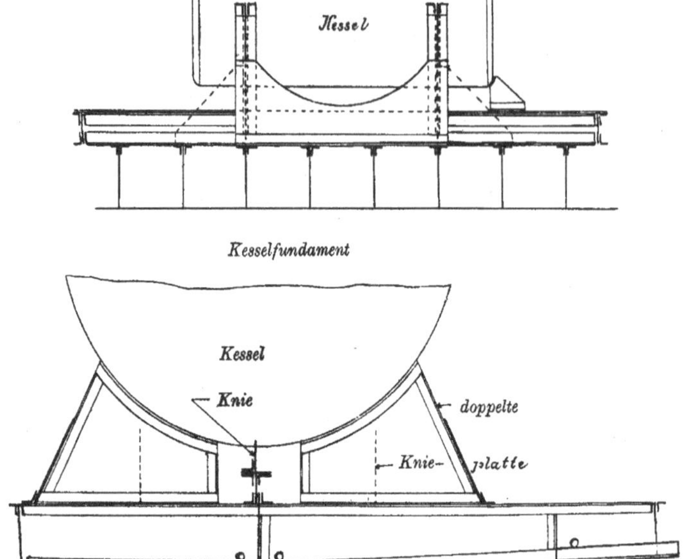

Skizze 166. Kesselfundament.

Um ein Verschieben der Kessel in der Längsrichtung zu verhindern, werden die sog. Kesselstopper (kreeping knees oder collision chocks) angeordnet.

Abstand der Kesselwandung vom Bunkerschott mindestens 300 mm.

Um dem Heizer- und Maschinistenstand die zweckmäßige Höhe zu geben, werden im Heiz- und Maschinenraum auf Winkel Flurplatten aus Riffelblech lose verlegt. Diese müssen leicht aufzunehmen sein, um schnell an die darunter liegenden Rohre, Ventile usw. kommen zu können.

Schlingerkiele (bilge keels, rolling chocks).

Man wendet sie an, um die Rollbewegungen des Schiffes zu dämpfen. Ihre Höhe und Lage ist so zu bemessen, daß der Schlingerkiel beim Anlegen an die Kaimauer oder

Skizze 167. Schlingerkiele.

bei Grundberührung nicht verletzt wird. Die Länge beträgt $^1/_3$ bis $^1/_2$ der Schiffslänge, und zwar kommt die mittlere Partie des Schiffes in Betracht, da hier der Schlingerkiel am weitesten von der Schwingungsachse liegt, beim Rollen also die größte Geschwindigkeit hat und daher die größte Widerstandsarbeit verrichten kann.

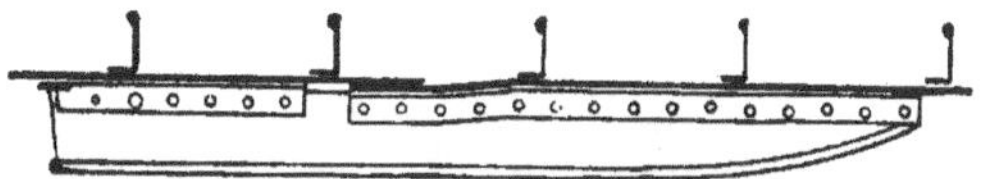

Skizze 168. Schlingerkiel.

Der Nachteil der Schlingerkiele besteht in dem erheblich vergrößerten Schiffswiderstand.

Bei Fischdampfern ist ein Schlingerkiel ganz allgemein üblich.

Bauart vgl. Skizze 167 und 168.

Sachregister.